U0513940

新编儒林典要

太極圖説
通書 述解

［宋］周敦颐 撰 ［明］曹端 述解

邵逝夫 导读 整理

图书在版编目（CIP）数据

太极图说：通书述解／（宋）周敦颐撰；（明）曹
端述解；邵逝夫导读、整理. —上海：上海古籍出版
社，2023.1（2024.11重印）
（新编儒林典要）
ISBN 978-7-5732-0546-9

Ⅰ.①太… Ⅱ.①周… ②曹… ③邵… Ⅲ.①《太极
图说》—注释 Ⅳ.①B244.25

中国版本图书馆 CIP 数据核字（2022）第 216638 号

新编儒林典要

太极图说、通书　述解

［宋］周敦颐 撰　［明］曹端 述解
邵逝夫 导读、整理

上海古籍出版社出版发行
（上海市闵行区号景路 159 弄 1-5 号 A 座 5F　邮政编码 201101）
（1）网址：www.guji.com.cn
（2）E-mail：guji1@guji.com.cn
（3）易文网网址：www.ewen.co

印刷　苏州市越洋印刷有限公司
开本　890×1240　1/32
印张　8.75　插页 5　字数 129,000
印数　4,701—6,000
版次　2023 年 1 月第 1 版
　　　2024 年 11 月第 4 次印刷
ISBN 978-7-5732-0546-9/B·1292
定价：58.00 元

目　录

1

附录

丛书序：以工夫的眼光重看经典

时至今日，伴随外部环境的大动荡，时代精神正发生转折；风气的变化随处可见，比如电影和文学，从现实主义占主流到科幻、奇幻、仙幻之类持续风行。"由实转虚"所表征的其实是由外转内，不满足于物质的平面的生活，转而寻求立体的生命体验，寻求超越的精神之路。"举头望明月，低头思故乡"，我们周围弥漫的复古风，来自对古人生活的好奇和向往，更根本的原因则是对于曾经的立体丰富的生命生活的追怀。它在每个人内心涌动，起初并不自觉，更进一步，就有了追究生命精神来源的需求，这是我们今天重读经典的根本动力。

一、经典的本义

文化的核心是经典，因为经典蕴含着文化的根本精神和核心内容。此当无疑义。但什么是根本，什么是核心，每个人的认识可能不同，因此，各个时代对经典的认识（也就是那个时代的主流认知）也可能不同，有时候还会差异很大。在此意义上说，学问确有古今之别。换言之，古今学问变异的原因不在于学科的分类或使用工具的变化，而来自对经典的认识不同。

具体说来，不同时代对于经典的认知不同，有两种情况：一是对哪些书属于经典的认定有差别；比如儒家经典从"五经"到"四书五经"再到"十三经"，是经典范围的扩大。二是对经典的解释的差异，比如对于权威注疏的认定发生改变；举一个典型的例子，朱熹《四书章句集注》在成书的年代连同作者一起被排挤打击，后来地位逐步上升，到了明代则被定为官方意识形态的标准解释。

从古今之别的视野来看，首先是第一种情况，经典的范围明显扩大了，主要是将自然科学和社会科学的重要著作划入经典，同时人文经典的数量也有所扩充。而传统意义上的经典，虽然受重视的程度有所下降或起伏摇摆，但依然不可替代。这里透露出的信息是人类生活空间的扩张，以及重心的转移，其与第二种情况的古今变化紧密相连，而不若后者之深切著明，此不赘论。

就第二种情况的古今之别而言，二十世纪以来对经典的解释发生了巨大的变化。近人程树德曾说："今人以求知识为学，古人则以修身为学。"这句话见于程先生撰于1940年代的《论语集释》，概括了古今对经典的不同理解，推扩一层，实则是古今之学的本质性差异。

以下就以《论语》为例，来看看经典解释的古今变异。朱熹的《论语集注》的权威地位，伴随着科举考试教科书的身份一直延续到清末；1905年废除科举之后，随同读经在教育系统中的弱化乃至取消，该书地位则持续走低乃至被彻底抛弃。及至今日，朱注重新被学界重视，但是以它为代表的经典解释并未回到原先的主流地位。当今在读书界影响最大的《论语》解读，以杨伯峻《论语译注》和李零《丧家狗》为代表；前者以其浅显易懂，译文流畅，在普通爱好者中流行数十年，且被作为文科学生的入门书，后者主要受到相对高阶的知识阶层的青睐。两本书写作形式和读者群体不同，对经典的认识理路却如出一辙。

就如这个书名，《丧家狗》说得直白，就是要去神圣化，还孔子"知识分子"的本来面目。杨著《论语译注》比较温和，因形式所限也没有直接阐发自己的见解，但是通过其译注，描画出的孔子也是一个具有人文主义精神的"知识人"形象。不消说，杨李心目中的孔子都是以他们这一两代知识分子的形象为蓝本的。不能说孔子身上没有这些因素，但以这个整体形象比附孔子，则不啻天壤。这背后的根源是现代性的问题，彻底追溯分析不是本文的任务，简言之，现代人是扁平化的生命，生命应有的丰富层次和可能达到的高度被"二维化"了，物质性生活和头脑性知识是此扁平化人生的表征；现代知识人超出普通人的主要是"量"的增加（知识、专业技能或逻辑思维能力的增加），而非"质"的变化（生命的净化提纯）或"性"的改变（生命层次的提升）。古代文化人（不论中西）以追求精神境界的提升为人生目的，其间或许有层次的差别，比如立足人间的君子贤圣，立足出世的得道证果，其共同点是生命的净化和高度层级的提升，而此质和性的跃升需要付出持续的努力乃至毕生的精力。

或许有人会说："所谓精神追求我们不是一直都在提倡吗？现代人并未抛弃精神、道德呀。"是的，这些词我们还在用，但是已经偷换了概念。精神、道德的提高，本义是向上的质的提升，而现代人却是在平面上使用这些词，说一个人道德高尚，只不过是说他遵守伦理规范，做事有原则，有正义感等；说一个人有精神追求，不过是说他文化生活丰富，艺术品位较高等。不错，古人的精神、道德也离不开这些内容，但这些内容最多只是提升自我的起点或方式。究其根源，之所以有这种偷换且不自知，是因为截断了这些词背后的天人连接。在人类各民族的上古神话里，都有天人往来交通的描述，后来"绝地天通"，天人之间断绝了直观形象意义上直接往来，但是精神的连通始终保持，作为人类文化的共同根基，并且成为文化基因灌注在每个词语之中。而现代化以来，这种精神的连接逐渐中断了，词语也成了无根漂浮之物。且以"道德"一词为例，略作讨论。

现代语境下的"道德"与古典的道德，并非一回事。就本义而言，"道"是宇宙万物的本体，"德"是道在具体事物中的呈现。道下落到每个事物中，事物各自以其特有的方式呈现道，称为德。因此德一方面与道连通，一方面又是某一事物之为此事物的根据。如果没有德，某一事物就不成为它自己了，因此一个人如果没有德，就不成其为一个人。德对于人来说，是保证他是一个人的根本，并且是由此上通于道的依据（所以孔子说"志于道，据于德"；由德上通于道则需要"修"，称为修身或修道，所以接着说"依于仁，游于艺"，就是修身的方法），因此是人的第一需要。后来把这两个字组成一个词，表达的正是道的根源性和彼此的关联性，所谓天人之际，所谓万物一体，俱在其中。因此，"道德"在传统话语中是最高序列的词，代表人类精神领域的源头，具有神圣性。

现代语境中"道德"的含义，大致对应古代汉语的"德"字的层面，但道的意义已经被弱化甚至切断了，因此"德"也就不是原来意义的德。现代语境中的道德，一般是指为了使人与人和谐相处，或者维系社会秩序而对个人的伦理要求，进而固化为社会行为规范。这里的德不再与道相连，因此也失去了其为人之根本和第一需要的意义，成为一个附加在自然人身上的，因应社会需要而后起的东西；因此，通过个人的道德修养而上通天道、与道合一的途径也湮灭不彰，此之谓"天地闭，贤人隐"。由此可见，现代一般所谓的道德，是实用主义的产物，与古典的道德相比，成了无源之水。

如是，"道德""精神""性命""心灵""修身"这些词的本义都连通着天道，是故孔子说"下学而上达"，抽离了"天"之维度，亦不成"人文"；如此"天人合一"的人文，才可以"化成天下"（见《易经·贲》象辞），此之谓"文化"。现代性的弊病在于将立体的上出的精神维度拉低到平面的"量化"的物质和知识层面，从而取消了人通过自我修炼成为"超人"以自我实现这一向度。因此，古今人的特质不妨分别用"知识人"和"文化人"① 来指称。

————

① 美籍罗马尼亚裔学者伊利亚德（1907—1986）曾创设"宗教人"概念，用以与知识化的现代人相区别，宗教人所指的内涵略同于本文说的"文化人"，都指向精神的丰富和提升；中国传统"文化"观念所涵甚深广，可以包含一般理解的宗教。伊利亚德有很多宗教文化学、神话学的著作，对此问题多有精辟的分析和洞见，可以参阅。

站在古人的立场上，如果历史定格于此，那就不仅是"三千年未有之大变局"，而是"人将不人"。幸好，对于现代性弊端的认识伴随着现代化进程而逐渐深入，由知识人再到文化人的转折已经悄然来临，而且携着科学这件利器的回归，某种意义上可能是更高层面的回归。就如历史上常见的情况，根本性的变化往往先从边缘地带发生，逐渐渗透到主流文化形成风气，再带动底层民众的转变。当今之际，边缘向主流渗透之势已成，但主流仍旧唱着老调，因此这些话虽然也已不新鲜，还是得一说再说①。

传统的经典，不论中外，都是以精神提升为核心的。经典的类型不同，情况亦有所差别。宗教类经典以出世为目标，当然是以精神提升为主的。世间经典，比如儒家类，则精神提升与世俗生活兼

①　笔者深知，这样的论述很难使自居现代知识人者信服，所谓"只缘身在此山中"，道理不难懂也不难验证，问题是障蔽已深，自以为是，正坐孟子"自暴"之病，所谓"自以为是，而不可与入尧舜之道"。本丛书的目标读者是对于传统修身之学心向往之，至少是保持开放的心态，愿意倾听内心的声音的人，固步自封者不足与论。

顾，即"内圣外王之道"，但仍然是以自我的精神提升为主导，以精神生活贯通物质、社会生活，此之谓"吾道一以贯之"，"壹是皆以修身为本"。具体说来，就是需要按照一定的修养方法，经过积累淬炼而发生质变，达至某种超越凡俗的精神境界。推己及人，又可以分为自我提升、帮助他人两个方面，即学习与教化，自觉和觉他。

仍旧以《论语》为例。《论语》有两个核心关键词，一个是"学"，就是自我精神提升的过程，用宋儒的话说：学是为了"变化气质"，"读《论语》，未读时是此等人，读了后又只是此等人，便是不曾读"（朱熹《论语集注》引程颐语）。另一个词是"君子"，即学的目标：达到一定的精神高度，成为一个真正的人。君子只是一系列境界坐标中的一个，往上还有贤、圣等。"学不可以已"，学习是无止境的，人生就是不断攀升的过程，孔子现身说法，用自己的一生诠释这个过程："吾十有五而有志于学，三十而立，四十而不惑，五十而知天命，六十而耳顺，七十而从心所欲不逾矩。"孔子孜孜以学，精进不已，以差不多十年一个台阶的速度将生命提升至极高的地位，生动而明确地示现了学习是精神的提升，是质的飞跃，乃至性的改造。但是如果换成现代的知识化的眼光，则会作出另一种解读。

就如《论语》开篇第一章：

> 子曰："学而时习之，不亦说乎？有朋自远方来，不亦乐乎？人不知而不愠，不亦君子乎？"

字面意思很简单，但是如何理解其真实含义，对于现代人却是一个考验。比如第一句，"学而时习之"，很容易想当然地把这里的"学"等同于现代教育的"学习知识"，那么"习"就成了"复习功课"的意思，全句就理解为学习了新知识、新课程，要经常复习它——直到现在，通行的《论语》译注包括中学课本，基本还是这么解释的。但是，我们每天复习功课，真的会快乐吗？

其实这里发生了根本性的理解偏差。古人学习的目的跟现代教育不一样，其根本目的是培养一个人的德行，成就一个人格完满、生命充盈的人，所以《论语》通篇都在讲"学"，却主要不是传授知识，而是在讲做人的道理、成就君子的方法。学习了这些道理和方法，不是为了记忆和考试，而是为了在生活实践中去运用、在运用时去体验，体验到了、内化为生命的一部分才是真正的获得，真正的"得"即生命的充盈，这样才能开显出智慧，才能在生活中运用无穷（所以孟子说：学贵"自得"，自得才能"居之安""资之深"，才能"取之左右逢其源"）。如此这般的"学习"，即是走出一条提升道德和生命境界的道路，达到一定生命境界的人就称之为君子、圣贤。养成这样的生命境界，是一切学问和事业的根本（因此《大学》说"自天子以至于庶人，壹是皆以修身为本"），这样的修身之学也就是中国文化的根本。

所以，"学而时习之"的"习"，是实践、实习的意思，这句话是说，通过跟从老师或读经典，懂得了做人的道理、成为君子的方法，就要在生活实践中不断（时时）运用和体会，这样不断地实践就会使生命逐渐充实，由于生命的充实，自然会由内心生发喜悦，这种喜悦是生命本身产生的，不是外部给予的，因此说"不亦说（悦）乎"。

接下来，"有朋自远方来，不亦乐乎"，是指志同道合的朋友在一起共学，互相交流切磋，生命的喜悦会因生命间的互动和感应，得到加强并洋溢于外，称之为"乐"。

如果明白了学习是为了完满生命、自我成长，那么自然就明白了为什么会"人不知而不愠"。因为学习并不是为了获得好成绩、找到好工作，或者得到别人的夸奖；由生命本身生发的快乐既然不是外部给予的，当然也是别人夺不走的，那么别人不理解你、不知道你，不会影响到你的快乐，自然也就不会感到郁闷了。

以上的说法并非新创，从南朝皇侃的《论语义疏》到朱熹的《论语集注》，这种解释一直是主流。今天之所以很多人会误解这三句话，是由于对传统文化修身为本的宗旨不了解，先入为主，自觉或不自觉地用了现代观念去"曲解"古人。

二、工夫路径

经典的本义既是如此，那么其内容组成，除了社会层面的推扩应用之外，重点自然是精神提升的路径、方法，实践过程中的经验总结，以及效果境界、勘验的标准等，所有这些，传统上称为"工夫"（或"功夫"）。

能够写成文字的只是工夫的总结和讨论，可称为"工夫论"，对于工夫本身来说，已落入"第二义"。由此可知，工夫论应该以实际的工夫为准的，实际工夫来自个人的亲身体验。经典中的工夫，既然是用来指导后来者的实操指南，那么此工夫就应来自公认的成就者，即被大家和后人认同的具有极高精神境界的人，中国文化称为圣贤。所以对工夫可靠性的认定，来自对成就者境界的认定，而境界的认定又来自于其人展现出的"效验"和"气象"。

或许有人会问，既然精神境界无形无相，古时候那些圣贤是凭什么认定的？对于普通人而言，对于圣贤的认定需要通过间接、逐次的方法和长期的过程。按照精神高度的差别，人可以分成不同的层级，圣人好比在九层楼，贤人在七层，君子在五层，我们普通人在一层。如果在一层的人想要知道某人是否在九层，一个可行的办法是先认定一些在二三层的人，再通过二三层间接认定更高层的人。

二三层人看到的景观虽然与一层有所不同，但是比较接近和类似，比如不远处一所房子还是一所房子，只是小一点；二三层还可以看到更远处一些景物，一层人虽然看不清但也能看到大致的轮廓；因此可以依据一层的经验判断这些人所描述的景象是否真实可信，以此来认定他们是否真的在二三层。待到多认定一些二三层的人，会发现这些二三层的人会共同认定某些五层的人，在一层的人就可以基本相信那些人是君子；君子虽然高出一层人很多，所描述的在五层楼上看到的景观，有些一层人根本不曾见过，但是既然我们认定的二三层人都说那是真的，那么我们也就愿意相信是那样的。同样道理，我们可以逐级向上，通过君子来认定贤人，通过贤人来认定圣人。如此，被很多同代人认定的圣贤，记录了他们的实践经验的著作会流传下去，后面一代代人则主要通过这些著作再来认定（其实认定的途径不限于此，超时空的感应乃至神通在精神实践层面也是重要的方式，此暂不论），这样经历代反复确认过的人就被公认为此文化传统中的圣贤，他们的著作则被确认为经典。地位确立之后，后来的人们也就会以经典，也就是圣贤的言说当作行为和自我提升的指南，佛教中称为"圣言量"。但是从根本上说，圣言量也只是间接经验，对于我们的本心本性而言，还是外在的参考标准，只是我们目前无法获得直接经验，所以需要先"相信"经典。

如果我们只是作为一个凡人生活一生，并不作自我"升级"之想，那么这些经典确实可以在宽泛的意义上指导我们，使我们维持住现有的水平，不至于堕坑落堑，想要达到这个最低目标，需要对经典和往圣先贤有敬畏之心；如果希望自我提升，走君子圣贤的超越之路，那么这些经典记载的圣贤经验更可以给我们指明方向，引领扶持，这同样需要对经典和圣贤有恭敬心和信心。但是，对于后者，对经典和圣贤的"信"就不是一个固定值，而是一个过程，需要在实修过程中逐步验证落实"信"。回到那个比喻，普通人从一层起步攀登之初，就需要树立顶层的目标，同时对于二层乃至顶层的风景有一种想象和向往——此为起初的"信"，来自圣言量，可称为"虚信"——这非常重要，不仅是确立前进的方向，还是攀登的动力。当来到二三层时，一方面原先对二三层的揣测就落实为亲证，一方面对于四五层的风景也有了更进一步的认识，同时信心也就更落实。等我们到达第五层，就实证了君子境界，并且对贤圣境界有了更亲切的体会、更明确的认识；或许终于有一天，登上了第九层，会完全确证经典上的话。——就是这样，一步一步，以自己的体验逐步印证圣贤的经验，将圣贤的经验化为自己的体验；与此同时，也由最初的"虚信"逐步落实到亲证的"实信"，此为"证量"（与"圣言量"相对）。假如不是这样走亲证的道路，只是站在原地凭借头脑意识或想象、或推断，则始终不脱空想窠臼，现代学者多坐此病，佛家谓之"戏论"。当年大程子批评王荆公只如对塔说相轮，不免捕风捉影，而自己则"直入塔中，上寻相轮，辛勤登攀，逦迤而上"，终有亲见相轮之时（《河南程氏遗书》卷一），可谓切肤入髓，惜乎今人多不察也。

圣贤留下不同的经典，路径和方法有别，体现了各人特性、处境的差异，传统称为"根器""机缘"。修证的第一阶段，需要确定适合自己的路径和导师，过此方可称"入门"。就儒门而言，孔子身后，儒分为八，表征了学问路径的分化；论其大端，向有"传经之儒"和"传心之儒"之分。所谓传心之儒，并非不传经，而是以修身为本，这样在解经传经之时，以工夫体验作为理解和诠释经典依据，如果修证有方，则虽不中亦不远矣。所谓传经之儒，乃以传经为务，其释经亦以理论推导、文字互释为主，传经者如果缺少实证经验（没有自觉用工夫或工夫境界太低），很可能转说转远。如汉儒说经动辄万言，政府立"五经博士"，解经传经成为学官专业；"传心"式微，转为边缘暗流，可以想见。与此同时，经学乃至儒家本身的衰落也就蕴含其中了。如前所述，文化和经典的根本在于个人身心的实践，亦即须有可操作的修持方法，还要有一代代的成就者保证这些方法的效果和传承。因此传经之儒保证不了经典的鲜活性，当传心一脉中断，工夫路径湮没，经典变异成历史资料集之时（喊出"六经皆史"的，必然是儒学衰微的时代——清代主流自称"汉学"自有其学术依据，亦与汉儒同坐其罪），作为学派的儒家即失去了其根基，很容易沦为统治工具。时代精英亦自然汇聚到佛、道门中，所以有"儒门淡泊，收拾不住"的感慨。

这正是宋儒所要解决的问题。汉宋之变，其实质就是回到"传心"的路径上。曾子、子思、孟子一脉，被宋儒拈出，特为表彰，与《大学》《中庸》《孟子》经典地位的确立一道，成为孔门正宗。其背后的原因，前人多有考论，如果从工夫的角度来看则昭然若揭。支撑宋儒的，并非当今哲学史家看重的一套"性命理气"的理论系统的建立，而是找出清晰的工夫路径和可操作的修身方法，其心、性、理、道等名词概念主要是为了说明工夫原理和实践经验①，这里当然有佛、道二教的刺激，但宗教间的竞争根本上不是理论的争辩，为了生存，必须找到自己的修行成圣的路径和方法，如果要竞争，也只能从这里竞争，看谁的方法有实效有保证。并且对抗往往先从内部开始，所以有"道

---

① 这里当然也涉及现代所谓"宇宙生成论"问题，但并非来自理论的兴趣。"天""道"既是生命的来处，也是工夫的源头，《中庸》首章说得明白："天命之谓性，率性之谓道，修道之谓教。""率""修"已进入工夫领域，下面紧接着就是工夫的具体展开："道也者，不可须臾离也，可离非道也。是故君子戒慎乎其所不睹，恐惧乎其所不闻。……"此外，"天""道"还是修行的目标或人之归宿。儒道二家于此大体一致，只是着眼点不同：儒家重起点和此生，故以人道合天道；道教重目标和去处，故多天界神仙之谈。

统"论的建立。韩愈发其先声，谓"轲之死，不得其传焉"，宋儒接着说，其后千有余年，乃有周、程诸子出，直接孔孟之传，其表征的正是"传心"对于"传经"之儒的拨乱反正。

类似情形在佛教内部亦有发生，不妨参照。唐朝初年玄奘法师载誉归来，翻译大量经典，并开创了中国唯识宗，国主僧俗崇信，一时无两。然而二三传之后，唯识宗即迅速衰落，取而代之的，则是密宗（这里指的是从"开元三大士"入唐开始，从玄宗到德宗皇帝尊崇的唐密）和禅宗。唯识宗不论在印度还是中国，其特长在于理论系统的完备深密，与之相应，其修持方法也以深入细密辨析心相为主，高度依赖于学识和思辨力，难于落实到一般人的修持操作上，因而一个直观的结果就是，如玄奘大师这样的成就者太少，后继乏人。修行路上，普通人要付出艰苦长期的努力；其间的动力，除了获得可以感知的"法效"之外，还需要榜样的力量支撑。相较而言，之后的唐密则不仅有完整的修持仪轨可以凭依，几代祖师所显示的功效和神通令皇室心折，数朝奉为国师；禅宗的修证虽以不落文字著称，但其修持路径和方法是清晰的，对于相应的根器而言，依然有章可循便于操作，且其代代相传，皆有明心见性的宗师作为保证。后来密禅二宗亦相继衰落，其根本原因也是在修证方面的后继乏人，传承中断，① 可见宗教（此取其传统和宽泛意义）的根本在修持，修持须有可行的方法和切实的效果。

三、从浑融到精微

宋儒的使命，是从秦汉以来榛芜已久的荒野之中辟出一条路，由凡至圣之路。

说开辟，毋宁说是恢复。因为由凡至圣的途径，至迟在孔子那里，已然清晰呈现了。如前所述，"学"，就是孔子开辟的这条路的宣言——孔子自己示现了从凡夫（"吾少也贱"）自励修学（"吾十有五而有志于学"，"十室之邑，必有忠信

---

① 唐密衰败之由，主要是外部环境压迫造成的传承中断，其经唐武宗毁佛教、朱元璋禁习密，遂于汉地中绝，所幸唐德宗时传于日本，兴盛千年，民国年间乃得反哺中国，流传至今。禅宗的逐渐衰落，则主要因为随着时代更替学人根器跟不上了，这也是宋明之后禅净合流，乃至净土独盛的内在原因。

如丘者焉，不如丘之好学也"），逐步提升直至贤圣（三十、四十、五十、六十、七十，十年一个台阶，一个新的生命境界）的全过程。孔子自居于"学者"，即终生学习的人，且只问耕耘不问收获："若圣与仁，则吾岂敢？抑为之不厌，诲人不倦，则可谓云尔已矣。""为之不厌"，学也，即自觉；"诲人不倦"，教也，即觉他；更深入一层，所谓教学相长，学也是教，教也是学：均是过程中事，不自居于已成。这里既是表示自我态度，也是为后儒立法，效法天道，永远在"学"的过程中，"天行健，君子以自强不息"，是以《易》终于"未济"。

当然这并不妨碍，或许更使得学生及后人推崇孔子为圣。到了汉代，更是由圣而神（倒也并非无据，孟子说"大而化之之谓圣，圣而不可知之之谓神"），被赋予了很多神通异能；更重大的变化是，孔子被认为是天降圣人，不学而能，其使命乃是为后世立法。因此汉儒说经，重经世而轻心性；演绎神异，乃有谶纬。如此一来，孔子示现的成圣之路既不得信重，《论》《孟》、五经里的工夫路径亦湮没不彰。

究实而论，汉儒那里未始没有工夫。高推圣境，敬天祭神，背后是一种虔敬之情，这是从神话时代延续下来的宝贵资源，其本身也可以成为工夫，但是汉儒对此缺乏自觉的意识，则其自我提升的效用亦微矣（类似于宗教中的善信之众与"修士"之别）。与此对照，相信凡人可以成圣，自觉运用工夫以提升自我，这是孔子提炼出来的中国文化中至为宝贵者，这种自信自觉在汉儒那里重归晦昧，是非常可惜的。在此意义上，儒学在汉代是一个曲折。

接下来的魏晋南北朝至唐、五代，对于儒学而言确乎漫长而晦暗，与之对照的是佛、道二教的蓬勃发展。其间正是二教工夫体系的成熟期，唐代佛教各宗相继而兴，大德高僧灿若群星；道教丹道修炼也逐渐系统化，形成自己的特色。宋儒的异军突起，正是在这样的环境里产生的；所谓"礼失求诸野"，一面是自身传统的失落千年引其奋发，一面是二教工夫修炼的丰沃土壤足资滋养。回看宋儒的道统说，以周程直接孟子，体现的既是传心之儒的认祖归宗，更是身心修养工夫的回归以及贤圣可期的自信自强。"问渠哪得清如许，为有源头活水来"，只有在此意义上，儒学才是真正的活的学问。

宋儒重建的工夫系统，立足于对孔颜曾思孟工夫的回溯和整理，同时融入了时代特色。概括言之，先秦道术皆脱胎于上古之巫①，巫术可谓一切工夫的源头。经过孔子提炼的工夫，乃以人的活动为基，在生活中自觉地以人合天；巫的本质是"降神"，即神灵来合人（当然有高级的"神显"和低级的"附体"之分，此不深论），工夫则是人通过自觉的精神修炼以上合天道。但是孔门工夫中，天人、人神的联系仍然紧密，礼、乐、《诗》、《易》中在在可见。礼乐来源于祭祀，而祭祀则是巫的重要领域。作为孔门工夫的"礼"，保留和强调了其

---

① 此"巫"请勿误解，巫字从字形上看其义显豁，乃是沟通天地人的媒介。远古时代，天人往来畅通，后来"绝地天通"（首见于《尚书·吕刑》），天人的沟通就成为一种专职，由具有灵性能力和专门技术的少数人掌握，这个特殊群体称为"巫"，大巫不仅掌握通灵之能和术，也是文化的传承者和氏族王朝的首领。这种情况，在伏羲女娲等远古传说，《山海经》的各种神异记载，乃至《史记》开篇的《五帝本纪》中，仍然可以窥其大略。

中的虔敬之情，比如"祭如在，祭神如神在"①。《乐经》虽不传，乐的精神在《诗经》里尚可想见；乐，就是情感的和乐状态，需要在人之"常情"中体验，比如经孔子删述的《诗》三百，以《关雎》的男女之情开始，以"颂"的敬天娱神结束，合乎《中庸》所言"君子之道，造端乎夫妇，及其至也，察乎天地"之序，亦为"情"之工夫次

---

① 这句话现代人往往简单当做比喻而轻忽，孔子的"如"，只是区别于生人肉体的存在，不妨其为具体生动的鬼神之"在"。《中庸》引孔子的话说"鬼神之为德，其盛矣乎；视之而弗见，听之而弗闻，体物而不可遗"，是说鬼神确乎存在，但不能用肉眼见，不能以耳朵听。如何感知呢？"使天下之人，齐明盛服，以承祭祀；洋洋乎，如在其上，如在其左右。"人以诚敬感格鬼（这里是指祖先）神，切实感受其降临身边，此为精神的感通，其工夫的关键是用心用情。下面的一段描写更具体形象：

齐（斋）之日：思其居处，思其笑语，思其志意，思其所乐，思其所嗜。齐（斋）三日，乃见其所为齐（斋）者。祭之日：入室，僾然必有见乎其位；周还出户，肃然必有闻乎其容声；出户而听，忾然必有闻乎其叹息之声。（《礼记·祭义》）

"思其居处，思其笑语，思其志意，思其所乐，思其所嗜"，此为工夫。这里的"思"是思念，不是思考，思考用脑，排除情感；思念用心，有情，用回忆不断加强情感的浓度。"见乎其位""闻乎其容声""闻乎其叹息之声"，此为效验。此处的见闻，也不是肉眼、耳朵所得，而是心的感通。

第。① 孔子韦编三绝，作《十翼》，《易》在孔门工夫中之地位可知，而《易》道幽微，处处皆寓天人感应，为下学上达的高阶教程。一言以蔽之，孔门工夫是天人连通、情理交融的，其形态特征是浑融的。

宋儒的工夫特色，也要从其历史环境变化，及其所处的实际生活状态中理解。相较于先秦，中古时期天人关系进一步疏远，日常生活中具体可感的乃是世间鬼神（民间所说的"三界"中，天界高高在上，与人关系紧密的是人间和冥界的鬼神仙灵）。在宋儒那里，一方面对于祖先以外的世间鬼神持一种疏离或排斥的态度，另一方面"天"高悬

---

① 《史记·孔子世家》中生动记载了孔子学琴的经过：

孔子学鼓琴师襄子，十日不进。师襄子曰："可以益矣。"孔子曰："丘已习其曲矣，未得其数也。"有间，曰："已习其数，可以益矣。"孔子曰："丘未得其志也。"有间，曰："已习其志，可以益矣。"孔子曰："丘未得其为人也。"有间，有所穆然深思焉，有所怡然高望而远志焉。曰："丘得其为人，黯然而黑，几然而长，眼如望羊，如王四国，非文王其谁能为此也！"师襄子辟席再拜，曰："师盖云《文王操》也。"

以工夫的眼光看，此是通过操琴，逐步澄明自心的过程，"志于道，据于德，依于仁，游于艺"乃孔门工夫论之总纲，此则生动展示了"游于艺"，即由技入道的工夫路径。同时艺乐不离神人之交感，最后文王之相赫然呈现，亦即"以乐通神"的境界。

为遥望的近乎抽象的存在，这既是时代原因造成的天人远离，也体现了宋儒阐发的"理"的特征。这一转化可称为"以理代天"。

上古时代天人的紧密关系，可以从遗典中窥见，经过孔子删述的五经，依然保留了这样的底色。彼时天人之间通过巫而上达下传，通过祭祀卜筮等建立联系，经孔子转化为礼、乐、《诗》、《书》、《易》的工夫，增加了自觉的修身意识，但其工夫注重感应和情，与上古的巫文化仍是血脉相连。感应的基础是"情"，情既是人的自然需求，又可以作为工夫和教化的重要方式，因此有学者依此精神将诗教礼教称为"情教"。宋儒继承了诗、礼的教化传统，但是其中情感的作用明显减弱了，比如朱子解《诗经》，始终有意识地将人情导归于中正平和之理，可说是"以理化情"。

例如，朱子解释《关雎》，延续汉儒之说，认为此诗主旨乃表"后妃之德"。《关雎》所表达的浓郁的男女情爱，因而转变为以德相配的"理性"态度。"求之不得，寤寐思服，悠哉悠哉，辗转反侧"，其心念相继、情思绵绵之态，朱子解释为："盖此人此德，世不常有，求之不得，则无以配君子而成其内治之美，故其忧思之深，不能自已，至于如此也。"把春草般自然之情思，加了一个曲折，变成了因寻思其德之稀有难得而求配的"忧思"，此"忧思"无疑含有理性成分（甚至有功利的衡量："配君子而成其内治之美"），与直接发自身心的"情思"已非同一层次（用佛家言，情思属"现量"，忧思则属"比量"）。从朱子的角度来看，《关雎》表达的世俗之情、男女之爱，须拉到后妃之德上去才能符合"经"的地位。然而，《关雎》乃《诗经》开篇第一首，对照于《论语》首章的开宗明义，地位不可不为隆重，以汉儒、朱子的解释，显然不能相应（"后妃之德"乃《毛诗序》之言，郑玄则走得更远，乃至于有后妃另求淑女为妾以配君子之说）。这里表征了不同时代儒家工夫中，情的地位和作用的差异。在孔子那里，作为天人相应的基础的"情"，并非无源之水，其发端恰在于男女之爱情，就如孝亲之"孝"本是"私情"，却为"仁之本"（《论语·学而》："有子曰：孝弟也者，其为仁之本与！"）。再如《易经》上经讲天道，下经论人道，并有对应关系；上经以乾坤二卦、下经以咸恒二卦开始，即以男女之情对应乾坤之合。抛开男女之情，不惟不近人情，难于实行，恰恰失去了体会天人相应的良机；真切体会男女相爱慕的自然直接，彼此情思的绵绵不绝，将之延伸到慕天爱神，思念相继，这就成为工夫，而且是根本的直接的工夫。就如印度瑜伽修炼的分类，按照《薄伽梵歌》所示，"敬爱瑜伽"直接与神连接，乃是最简易直截的工夫，礼乐《诗》《易》的工夫庶几类之；宋明理学则类似于"智识瑜伽"，其修持工夫是依据"自力"、偏重"理性"（此处借用理性一词，包含了心性和后天意识）的，其形态特征是精微的。

回顾工夫的发展历程，上古巫术的阶段，巫的身份基本是"天选"的，其天生具有通灵的特质，在某个特殊机缘或经过一定的训练，获得"降神"和"出神"的技能①，起到沟通天人、人神的作

---

① 此类工夫和技能并未消失，而是不同程度和不同形态地保存在三教和民间宗教中，前者除了与感应、加持有内在联系之外，主要体现在民间扶乩等方术以及巫女神汉的那里，演变成仙灵附体，与上古沟通天人的巫已不可同日而语；后者则成为重要的宗教修炼术，比如道教内丹、佛教密宗等都不乏这样的记载，甚至儒家例如王阳明的传记里也有类似的传说。究实而言，出神或神游乃是修炼到某种境界时的自然效用，不是某家某派专有的，区别只在于是否将此作为自觉的工夫或追求的境界。

用。孔门工夫的意义，则是将少数特别人掌握的特殊技能转化为具有普遍意义的，普通人可以学习的，用于提升精神高度的方法。其与巫术的连接在于，一面保留和提炼礼乐仪式及其内涵的情感作为重要工夫手段，一面不刻意追求但也不排斥天、神（灵）在中间的强化作用——与此类超时空存在保持不即不离的态度——不追求，是因为没有特殊机缘的普通人难以获得，反而容易产生副作用；不排斥，是因为此类作用真实存在，且往往会产生奇妙的效果。汉儒则在此意义上有所倒退，即回到了以天和神为中心的，将孔子视为天选和沟通天地的大巫，从而弱化了儒学的工夫内涵，使得孔子开出的"下学而上达"工夫路径晦昧不明。宋儒重新清理出这条以人为本的工夫路径，且在孔子的基础上进一步强调了人人可以学而至圣；因为强化以普通人为基础的路径，则弱化了天和神在工夫意义上的"加持"之力；工夫转移到对心性的高度自觉的精细磨炼（黄宗羲《明儒学案发凡》所谓"牛毛茧丝，无不辨晰"），同时削弱了作为工夫的"情"的地位和作用，以及与天连通的"礼乐"之本义，使得礼成为心性磨炼的辅助手段——所谓"内外夹持"工夫之"外"的一面——或者作为社会规范和"戒律"意义上的外在约束。

宋明儒学内部又有理学、心学的分化。相对而言，从大程子到陆象山到王阳明这一路，更注重"心"的感应、灵明作用，因此被称为"心学"。相对于小程子、朱子一路的更理性化、更重礼的外在规范作用，心学则对于诗的情感特性更有感觉，比如大程说《诗》注重"吟咏情性"，"浑不曾章解句释，但优游玩味，吟哦上下，便使人有得处"（《近思录》3.43，3.44），因此其个人气象更接近孔孟浑融和乐，令学人"如沐春风"，与小程之"程门立雪"恰成对照。这里不当只看作个人气质之别，亦体现出工夫路径的差异。

陆王一路可以看成是在宋明范围之内的"传心之儒"，相对而言，程朱一路则更偏于"传经之儒"。如果借用佛家自称"内学"的含义，用内、外来标识学问与心性工夫的紧密程度，"传心之儒"为内，"传经之儒"为外，同时两派之内又可再分内外，图示如下：

心学在一定程度上对理学起到了平衡中和的作用，使其不至于产生大的流弊。但是理学的工夫路

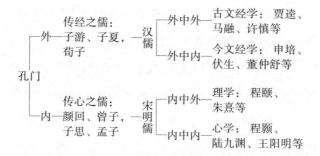

数也是时代背景下大多数人"心理状况"的反映，随着天人远离，心灵能力普遍退化，或者说灵性充足的人变得稀少，人们越来越习惯于运用脑力（理智）。因此心学兴起的内在动因，即是不满于理学之偏于理性和知识（理学可说是心脑参半，在心学看来则是主次不分），将工夫全部收归当下之"心"，虽则其简易直截大受欢迎，但是当心学普及推广时，其困难也就显现了——普通人难以直接切入灵性层面，容易流于意识的模拟想象，其流弊至于认欲为理，猖狂恣肆。这也是阳明后学分歧的根本原因。理学、心学的差异当然与个人气质特点相关，每个人需要找到适合自己的路径，也就决定了会有偏于理或偏于心的选择；同时，在心上用功也需要找到适合自己的抓手，或当下直入，或迂回而进，或寻求辅助，这又在心学内部造成差异和分化。

到了明末清初，心学困境、流弊加上时代风气的外力影响，使得儒学主流逐渐向理学复归，及至清中后期又进一步成为"礼学"；此时的礼教已经基本丧失了孔门工夫中的情和感通的一面，也就失去了"礼意"，而专成为外在约束的、僵化的教条，从而堕落为统治工具，所以才有"五四"时期"吃人的礼教"这样的控诉。这是礼乐精神一步步失落和变异的过程。与此同时，则有清代"汉学"的兴起，认祖归宗于汉代传经之儒（主要是古文经学），此为儒学的知识化。遭此内外夹击的儒家又一次进入低谷。谁曾想，清末以来又遭遇全球现代化的大潮，以内圣工夫为性命的儒学，连同同气连枝的佛道二教一起，被卷入了前所未有的深渊。此为"三千年未有之大变局"之本质①。

————————

① 清代儒学虽肌体逐渐衰弱，其能维持生命保持一口真气，仍是靠的宋明儒学的延续，不绝如缕。所谓同治中兴，其根骨乃是曾国藩师友团体以讲学修身相砥砺，带动振刷朝野风气的结果。无奈时代大环境，就心性实践之学而言，已然踏入一个循环中的"坏、空"之相。作为曾门弟子的李鸿章，无疑是对于儒家运命、现代风潮有双重刻骨感受的人，能说出这句直透骨髓的话实在情理之中。这一时段的相关论述，可以参阅拙文《常道与常识：重估梁启超之路》（载《原学》第一辑，复旦大学出版社，2021 年）。

以熊十力、马一浮、梁漱溟为代表的现代新儒家，以及佛教复兴运动，均属文化"返本开新"思潮的一部分，都应看作对此"大变局"的自觉反应。而现代新儒学需要面对的，表面的一层是中国文化怎样应对现代化的冲击，这是容易看到的层面，而且儒家作为传统文化的代表冲在前面。更深一层的问题，则如同上一次新儒学（海外学者习称宋明儒学为"新儒学"）创立之时所面对的，是工夫路径的湮没和人才的旁落，这一层则容易被忽略。现代新儒家因此产生分化，而大部分人包括后来成为主流的熊牟师弟将主要精力放在了儒学哲学化的理论建设，即应对第一层冲击，对自身加以转化，此固有其时代意义，但如果脱离了工夫（修身）之根本，难免陷入当年唯识宗的困境。①

————————

① 现实情况也是如此，熊、牟（宗三）一系新儒家辗转港台之际，声名远播，然而两三传之后，完全学院化，与一般儒学研究者无异。当年余英时与新儒家意见不合，曾有"游魂说"，认为儒家学说是建立在宗族和政治制度之上的，制度不存，魂无所寄；依本文观点，则儒家精神在修身，工夫不存，其病在"失魂"也。关于现代新儒家的分歧和演变，请参阅拙文《熊十力与马一浮——试论现代儒家的两种取向》（载《马一浮研究》，上海古籍出版社，2008 年）。

四、我们今天怎样用工夫

回到自身，处于这样一个天翻地覆的大环境，怎样学习经典的工夫，改造自我的生命，这是我们的时代命运，必须自己解决。就工夫路径而言，所谓"法无高下，对机则宜"，法门无量，而每个"机"都具有特殊性，需要找出适合自己的那一条路。"机"有两个层面，一是个人的根机（根器），二是外在的机缘；"对机"，意谓修行方法既要适合修行者本人的特点，还要适应当下的时空环境，便于实行。基于此，又可将问题分为两步：第一，弄清楚经典提供的不同路径各自的"对机"；第二，认识今天我们自己的"机"，选择相应的道路，并在修行过程中根据具体情况加以调适。

经典和古人所提供的路径是一些个案，我们读书时需要时刻有这个意识，在还原"当机"（所对之"机"）的前提下理解这些工夫路径，也就是孟子说的"知人论世"：知人，即认识此人的根机；论世，即了解他所处的环境。在此前提下，才能充分把握其路径的本质，才能明白此个案对于自己的参考作用；如其不然，就像拿着别人的药方生搬硬套用到自己身上，不得其利反受其害。

于此有一典型事例且对于我们今天用工夫影响甚大者，不能不有所论列，即如何理解宋明儒之"辟佛老"。

此问题的由来，主要关乎在特殊时代环境中建宗立派。如前所述，宋儒怀抱复兴儒学的强烈愿望，又需要在继承中走出一条新路。彼时儒学虽然表面上还占据国家意识形态的地位，内在已然空虚，面对释道两家精神充足、人才辈出的局面，宋儒的心态是峻急的。因为自身发展停滞了，而别家正在鼎盛期，汲取资源，有所借鉴，所谓"礼失求诸野"，是再自然不过的。此为文化发展和交流的常态，本不必讳言，宋儒采取的严分彼我，乃至非难排斥的态度，实际是体现了在夹缝中求生存，须撑开双脚、扩大领地的宗派意识，对此不妨予以同情之理解。立派之初，或自感危亡之时往往而然；历史上佛教内部各宗之论争，例如印度本土的小乘、大乘之争，空、有二宗之争，唐代的天台、华严之争，后来的禅、净之争，性质与此相同。但究实而论，这种情况类似于当今习见的立场先行，其出发点和论辩内容不是、至少不全是来自学理。

　　如果不涉及宗派势力的考虑，即使辨明两家学问的立足点和目标有别，工夫和境界层面仍然可以互相借鉴资取，最自然的态度是大方承认，公开交流，或者各行其是也未尝不可，本不必大加攻讦。正是有了压制对方、张大己势的需求，特别是宋儒有拿回失去的地盘的心态，才会有峻急乃至极端的言论，比如援引孔子诛少正卯、孟子辟杨墨，极言佛老之危害有如洪水猛兽。孔子曰"听其言观其行"，从最早严厉辟佛的韩愈到朱子，其私下仍多与释子道士相往还，试想如果佛老真的是邪道，韩朱何可如此言行不一；若说拒斥的只是佛老末流，等于说佛老之流弊是人弊而非法弊，且只要是在世间实行，法法皆有流弊，宋明儒自身的流弊，明末清初之士至于痛心疾首。（至于宋儒所非议佛老的种种观点，有的切中时弊，足可为借镜，有的则实属有意无意的曲解，具体分析留待各书"导读"，读者自行判断可矣。）

　　这种历史境遇造成的立场先行的情况，亦可由宋明儒态度的变化大略考察。如单就工夫路径而论，理学、心学与佛老的远近关系是有差异的（可参考上面的"内外关系图"，心学既然是"内中内"，自然与佛老"内学"关系更近），大体而言，心学的工夫较为浑沦虚灵，包容性较强，对于佛道也有更多的吸取借鉴，理学的工夫形态距离佛禅较远（有一种说法，理学近道，心学近禅；从工夫的角度看，心学确实与禅宗颇多相通和借鉴之处，而理学对于道教的兴趣多见于理论层面，比如朱子注《参同契》《阴符经》而隐讳本名），实际上程朱一系也多持更为严厉的"辟佛"态度。但在两宋期间，心学一系的从大程到象山，即使在工夫上颇多借用，在立场上仍然与理学保持一致，对于佛老"不假辞色"。这种在立场上的一致，恰恰说明了宋儒的"辟佛老"更多是出于开宗立派的需要。

到了明代中期，三教的地位发生了重大变化。儒学一方面经过近五百年的努力重新从工夫层面立定根基，另一方面随着理学成为科举考试的规定内容，确立了作为官方意识形态的地位，佛道二教转而向儒教靠拢，寻求自身的"合法"地位。举一个象征性的例子，万历年间意大利传教士利玛窦来华，先是穿僧服传教，但是很快发现在中国儒教地位远比二教尊贵，就改易儒服，并确立了"补儒易

（取代）佛"的传教策略。随着势力的彼消此长，明儒在此问题上的态度也发生了很大的变化。王阳明虽然仍表达过区分儒佛乃至贬低二氏的说法，但与宋儒相比，已经缓和多了，更像是不便于公开违反此前数百年的习惯，象征性表示一下。① 阳明有一个著名的"三间屋子"的比喻，最能表明他的真实态度。有学生问，世间、出世间学问，儒释道是否各占一块。阳明先生说非也，儒学本是贯通世出世间的，只是后儒不肖，把自己限定在世间法，把儒学弄得狭窄和浅薄了，就好比主动割让了左边一间、右边一间给佛道二氏，其实三间屋子都是圣学

① 比如他说佛氏逃了君臣、父子、夫妇的人伦关系，是"着相"，儒者不逃避，反而是不着相，这不但是引用了佛家的观念——着相——而且此说法指向的只是佛教徒出家的形式，仅是延续二程的一个观点："敢道此（指禅宗《传灯录》）千七百人无一人达者。果有一人见得圣人'朝闻道夕死可矣'与曾子易箦之理，临死须寻一尺布帛裹头而死，必不肯削发胡服而终。"（《二程遗书》卷一）此仅为二程辟佛言论之皮相者，不难反驳。因为对于佛教修行，出家并非必须的，唐宋以来很多有成就的大居士，且不乏身居高位颇有政绩者，并且，若出家是为了获得相对清静的修行环境，作为一种方便手段虽有其合理性（类似于宋明儒提倡静坐），但并非出家的本义，照大乘的说法，出家乃表明"荷担如来家业"的志愿，以及为了弘法的需要而取得一个"专业"的身份。

本有的。这里是个包容性的说法，只是说你们有的我也有，我可以包含你们的优势，与当初宋儒的口径不可同日而语。并且说："圣人与天地民物同体，儒、佛、老、庄皆吾之用，是之谓大道。"（见钱德洪编《王阳明年谱·嘉靖二年十一月》）此以儒佛老庄并列，同为大道之用，直与《庄子·天下篇》同调矣①。不妨将此视作三教关系转折的一个标志，此后尽管严守三教门户的声音仍时有发生，三教合流作为明清以来中国文化的主要趋势是没有疑义的。

实则这也是中国文化精神的体现，冯友兰用儒家的语言将之概括为"极高明而道中庸"（参见冯氏《中国哲学简史》），用佛教的话说，"畅佛本怀"之究竟指归，其特质是"即世间而出世间"，世俗生活和超世精神圆融为一，称为"一乘"，为佛教究竟圆融的意旨，佛教的发展可以看作是此宗

---

① 《庄子·天下篇》："是故内圣外王之道，暗而不明，郁而不发，天下之人各为其所欲焉以自为方。悲夫！百家往而不反，必不合矣。后世之学者，不幸不见天地之纯，古人之大体，道术将为天下裂。"——道本是整全合一的，因后世学者不见全体，而各执一方自以为是，才造成了现在的分裂。

旨不断开显的过程（此即《法华经》所开演的
"会三归一"之旨）。就儒释道各自的发展而言，
三教通过互相激发借鉴，在各自内部不断趋近之或
完善表现之；就文化整体而言，至少从唐宋以来，
三教融合成为中国文化发展的大趋势（不管是否承
认，这样的融合是实际发生的），其内在理路即是
不断趋近此真精神。王阳明的"致良知"教法，从
儒家内部发展来说相当于儒家的一乘教，就中国文
化而言，则可看作三教融合的成果。阳明诗云"不
离日用常行外，直造先天未画前"，其特点是每个
人就各自职业和身份的方便，在日常生活中随时随
地用工夫修炼；佛、道两家的近现代趋势也是在家
居士逐渐成为主流乃至起到中流砥柱的作用，都是
这种文化精神的体现。

　　但是融合并不必然取消各自的独立性，三教可
以在保持自己宗旨的前提下吸收融合他教因素，同
时承认别家的价值和存在意义。这就涉及到"判
教"。这个词起源于佛教，随着历史发展，佛教内
部宗派林立，互争短长，乃至存在分裂的危险，此
时就有人出来，将各宗各派放在同一个系统之中，
分别判定其所处位置，理顺彼此的关系，衡量各派

的特点及优劣。判教者往往是一派之宗师，以本派为立足点，对本派和他派分别给予定位和评价，而其他派别的宗师也会站在各自的基点上作出不同的判教。诸如历史上发生的天台与华严的判教，彼此争竞，但是站在第三者的立场上看，他们虽然判教不同，在各自的立足点上可以分别成立，不相妨碍，就像密宗之曼荼罗（意译为坛场，表示在功境中观见的诸佛菩萨金刚的空间排列，可铸成立体的土坛，亦可画成圆或方形的图画，以助修行），每一尊都可作为一个中心（本尊），其余诸尊层层围绕，成立一个曼荼罗；无数的曼荼罗各自成立，不相妨碍。

判教的前提是承认其他宗派也有其价值和意义，大家在大方向上是一致的；通过确立彼此的位置关系，可以更好地认识各自的特点，从而扬长避短，利于发展完善。在佛教历史上，判教也正是发挥了这样的正面作用，虽然从表面上看，各派的判教争论激烈，但这是体系内部的竞争，而非你死我活的正邪之争，并且促进了各自的发展和相互的融合。上述阳明"三间屋子"的说法，其实是基于儒的三教之间的"判教"，这样的态度与宋儒特别是理学一系比较，性质已经改变了——由正邪之争变成了高低、偏圆的中国文化内部之争。现代以来，立足于世界文化作出更大范围的新的"判教"尝试的不乏其人，比如太虚、牟宗三就分别以佛、儒立场判教，皆有较大影响。这是因应时代需要，在政教分离、信仰自由、文化交流密切的大环境下——这是现代化带来的便利——求生存意义上的对立争斗已经不是宗教间的主要问题，相反，各宗教、各文化传统在超拔人的精神、丰富人类精神生活这个大方向上是一致的，需要联合起来共同面对时代的困境——现代性的弊病带来的精神的扁平化、环境的恶化等。因此，世界文化范围内的判教是必要的和有效的方法，需要后来者继续拓展和深化。

修行者有各自的选择，可以融合多家，也可以持守单一的法门，但不妨多了解一下别家别派，才能了解自家所处的位置，掌握其特点，扬长避短；如果不顾现实环境，重弹排斥异端的老调，则难免胶柱鼓瑟，误人害己。当今常见的现象，自认为佛教徒的，往往以儒、道为不究竟而轻慢之，佛门修持之精微对治工夫既未学到手（这也与时代有关，精细分析起观的唯识等法门衰落不行，净、禅之门又容易产生粗略简慢之流弊），如能借鉴宋明儒学之反身体察工夫本可大有补益，却因门户之见，不仅不得其益，反助长自身傲慢。以"醇儒"自命者，拾人牙慧以为"吾道自足"，甚者重启理学、心学之衅，狭小其心胸，自绝"上达"之路，终身落于阳明所贬斥的"世儒""俗儒"（实即孔子所斥之"小人儒"）而不觉。

今天所面对的问题，与宋儒当时相似，需要将失落的修身"旧路径"找出来，在新环境下接着走。这就要求，首先知人论世地了解宋儒的工夫路径，在此基础之上，继承其精神，借鉴其经验，走出适应时代、符合自身特性的新路。与古时相比，今天外部环境的变化可谓天翻地覆，人类文化的融合、科学的发达和思想资源之丰富，是前所未有的，同时人类文明危机、自然环境恶化之深重，也是空前的。与前贤相较，我们须具备更广阔的视野，置身于更完备的坐标系中，找到属于自己的那一条路。换言之，只有胸怀全局，参照他者，才能找准自己的位置；只有准确定位，了解自己，才能广泛借鉴，发生新的融合。

意犹未尽，再多说一句。上古以来，人类的历史似乎是天人逐代远离的过程，与此相应，精神修炼的工夫也由重他力转向重自力，从浑沦到精微，从天人相应到内观心性。所谓物极必反，当科技走上顶峰，环境急剧恶化，内心危机感极度飙升之际，天人关系或许会再度拉近，此时或有某种消息来临——倾听内心的声音，参照远古的神话，注重情意的浑沦工夫，乃至借助科技的幻化功能，或许可以熔为一炉，迎来千年未有的机缘……

五、丛书缘起

十几年前我入职出版社不久，注意到马一浮先生于 1940 年代主持复性书院期间刊印的"儒林典要"丛书，心有戚戚焉。

其时笔者正经历读书求学的转折期。负笈上海读博，专业从文学转到历史，还旁听了些哲学系的课，脑袋里塞了不少知识概念观点，但是对于中国文化总觉不得其门而入，另外内心深处一直藏着的那个动力——寻求一条精神超越之路——始终在鼓荡。因作博士论文的需要，一边细读阳明和门弟子相关语录，同时读到牟宗三《从陆象山到刘蕺山》，恍然有悟，认识到《传习录》等书本来就是修行工夫手册，正是士君子的上出之路，里面的师徒问答，无非是讨论走在这条路上的经验、疑难和风光。我的困惑迎刃而解，也找到了自己苦苦寻觅的人生方向。按此思路，将四书到宋明儒诸典寻绎一过，无不若合符节，种种疑难涣然冰释。同时从牟宗三上溯熊十力、梁漱溟、马一浮诸家，无不亲切有味。回顾现代新儒家四先生于我之帮助，牟、熊引领我切入儒佛义理系统；梁、马义理阐发各有精到之外，注重工夫实践，更能引发我的共鸣。

有此前缘，当看到马先生"儒林典要"诸书时，萌发一念：与我有类似困惑者当不在少数，推己及人，何不将这套书完整出版，一则为有缘人趋入传统学问提供便利，二则亦可实现马先生未完成的计划。

甫一着手，便发现两个障碍。首先需要确定书目。马先生 1939 年主持复性书院之初即有刻印群籍的计划，"儒林典要"为其中之一，当时正值战乱，典籍不备，计划也不断有所变化，需要在理解马先生思路的基础上根据当今现实需要加以调整。再者，需要为每本书寻找合适的导读者。这套书除了系统地推出宋明儒学著作之外，更重要的是帮助读者回到原典本义，读懂理出工夫理路、方法，并能在生活中实地运用验证，为此需要在书前各增加一个详细的导读，这是本丛书区别于其他整理本的主要特征。然而，以我当时的阅历范围，举目四顾，能当此任者实难其人。只好暂时搁置，自己求师访友之余，此念未尝或离。所谓念念不忘必有回响，多年以后，同道师友圈子却也逐步扩大，亦渐渐颇有愿意襄助此举者。现在终于可以逐步落实此事。

据马一浮先生《复性书院拟先刻诸书简目》（下称《拟目》），列入"儒林典要"初步计划的共有近 40 种（此外另有传记、年谱类六种列入"外编"），其中除少量文集外，大多是宋至清儒代表性的专书（包括语录）。此后马先生还约请与宋明儒学渊源甚深的钟泰先生（钟先生乃号称最后的儒家学派"太谷学派"之重要传人）整理了一份《儒林典要拟收明代诸儒书目》（下称《续拟目》；据钟先生《日录》"1945 年 10 月 7 日"条，言将此"交湛翁酌定"，应为未定稿），共 60 余种，大多为文集。经查考，复性书院当年陆续刻印了"儒林典要"13 种，均为宋明儒自著或经后儒辑注的专书，如周敦颐撰、明儒曹端编注的《太极图说述解》，罗近溪《盱坛直诠》等。寻绎马先生的辑编思路，当以能够代表著者的学问、体现其工夫的专书为主，文集之列入拟目者，盖因缺少该著者现成的专著，或文集本身篇幅不大，取其辑刻方便耳。①钟泰《续拟目》中，亦言明"文集虽存，而既有专著，求其学不必定于其文者"，则收专著不收文集（钟泰《续拟目》及《日录》见于上海古籍出版社 2021 年版《钟泰著作集》第 5，第 2 册）。

加之诸儒文集、全集如今多已有整理本出版，现在重新出版这套书，当淡化保存典籍资料之意，更为突出"工夫"之旨，故而本丛书仅取专书，并在确定书目上颇费斟酌：首先在复性书院已刻和拟刻书目中选取专书，又从正、续《拟目》所列文集中抽出重要的语录或专著，并参考马一浮《复性书院讲录》中所列必读书目，综合去取整

---

① 其中宗师大家则另出全集，而不列入"儒林典要"。马先生在《拟目》中说：周、二程、张、朱诸家全集"拟合为宋五子书别出，象山、阳明全集亦拟别出，以此七家并为巨子。其中以朱子书卷帙尤多，俱应用铅字摆板印行，不列入'典要'目中"。钟先生《续拟目》中多收明儒文集，或另有保存典籍的意思。

理而成，名之为"新编儒林典要"，以示继承先贤遗志之意。

如前所说，丛书"导读"的首要任务是引导读者回到工夫本身，兼以自身实践经验加以解说以供参考。为此，与每一位参加导读工作的师友"约法三章"：

一、除了作者经历、学问渊源和成书背景等内容之外，适当介绍圣贤气象，使读者兴起向往之心和亲切之感。

二、紧紧围绕实践工夫，从实地用功的角度提示具体的路径、方法。必要的话阐释基本义理，但也是为了说明工夫的原理，不能脱离工夫谈义理。

三、语言上须"去学术化"，不要写成"论文体"，尽量用日常语言，辅以通俗易懂的传统话语，不用或尽可能少用现代学术术语。

导读是重中之重，人选亦难乎其难，每书尽量做到导读与原典对应，在大旨无违的前提下尊重导读者各自的立场和风格。"君子和而不同"，导读者既为各自独立的修学者，经历、师承不同，其志趣、路径亦有差别；"弱水三千，各取一瓢饮"，导读者以自家眼光读解，读者各取所需可也。因笔者眼界所限，导读者队伍仍显单薄，随着丛书陆续出版，期待有缘者不断加入。因各书情况多有差异，丛书体例虽大致统一，亦不强求一律，总以符合读者需求、整理方便为量。

以上记其本末，不觉缕缕。世间事物的成立，不出感应之理，不外乎因缘二字；有一内在的起因，亦须有众缘和合。众缘的具备固自有其时节，不可勉强；所谓发心，本身亦有其感应因缘在，其理无穷。忽忽十数载，书终于面世，感喟何如！此后其与读者之因缘感应，亦无穷也，留待诸君各自品味。

刘海滨

2022 年 11 月 21 日，于海上册画斋

导　读

一　关于作者

　　《太极图说述解》《通书述解》，明曹端撰。曹端（1376—1434），字正夫，号月川，学者称月川先生。月川先生生而灵异，出类拔萃。三岁即见其气度端庄，四岁则能行孝悌，五岁见《河图》《洛书》旋即相问，六岁即知拜揖祖墓，说："先作揖也，是恭敬的意思。"八至十六岁，熟读群经，博览诸子，他曾说："六经、四书，天下万世言行之绳墨也，不可不使之先入其心。"十七岁建"勤苦斋"，自题曰："勤勤勤勤，不勤难为人上人；苦苦苦苦，不苦如何通古今？"二十岁时，初读谢应芳《辨惑编》，甚好此书，自此对于一切浮屠、巫觇、风水、时日之说，悉皆摒之不用。同年，辑取胡仲子（胡翰）文集的精要部分，为《性理文集》，说："作文必如是方善，不然，虽工无益。"月川先生"至是，志意坚定，内不溺于章句文辞之习，外不惑于异端邪说之谬，卓然以斯道为己任"。（引文皆出自张信民《曹月川先生年谱》）因此清人称"明代醇儒以端与薛瑄为最，而端又开瑄之先"（《四库全书子部儒家类〈通书述解〉提要》）。

月川先生一生行于教化，他讲学于霍、蒲二州，诸生咸服，从其游者几近千人，"贤者服其德，不肖者服其化"（孙奇逢《通书述解序》）。他教导知府郭晟为政当以"公廉"，说："公则民不敢谩，廉则吏不敢欺。"（《明史·曹端传》）郭知府拜而受之。他力辟佛老，二十一岁时，曾折服一位备受乡人敬重的老僧，后又"取圣经贤传之格言，扶正抑邪之确论"（《夜行烛序》），为《夜行烛》一书，规劝崇奉鬼神、遵事佛老的父亲，其父欣然而从之。他又曾上书邑宰，从而摧毁淫祠百余座。他一生清廉，去世后竟然因"贫不能归葬，遂留葬霍"（此或为霍人之幸事耳），然而"诸生服心丧三年，霍人罢市巷哭，童子皆流泪”（同上）。他严于治家，二子皆笃孝，于其逝后，兄弟二人为其庐墓，相继而死，并葬于墓侧。

月川先生著述宏富，除了本书所收的《太极图说述解》《通书述解》外，尚有《西铭述解》《夜行烛》《孝经述解》《四书详说》《存疑录》《儒家宗统谱》《性理论》《家规辑略》《月川语录》《月川录粹》等，惜乎半数以上已经亡佚，或仅留下了序文。幸而代表其主要思想的三篇述解及《夜行烛》等完整地流传了下来。

三篇述解乃是月川先生对《太极图说》《通书》和《西铭》三者的梳理与阐述，《太极图说》《通书》和《西铭》，分别是周子（濂溪先生周敦颐）和张子（横渠先生张载）的著作，此前朱子（熹）便曾对此三者一一作过解说。月川先生信奉朱子之学，因此，他的述解主要秉承朱子之解，而作出了相应的扩充解说，他自说道：“倘朱解之中有未易晓者，辄以所闻释之，名曰《述解》。”（《太极图说述解序》）然而，尽管以朱子之解为归宗，月川先生却也适时地呈出了自身的见地，如他直指“孔、颜所乐者”，乃是一个“仁”字：

天地间至富、至贵、可爱、可求者，仁而已。仁者，天地生物之心，而人所受以生者，为一心之全德、万善之总名。体即天地之体，用即天地之用，存之则道充，居之则身安，故孟子既以天之尊爵目之，复以人之安宅名之，所以为天地间之至贵、至富、可爱、可求者也，岂轩冕之贵、金玉之富可同日而语哉？朱子曰："所谓至贵、至富、可爱、可求，即周子之教程子，每令寻仲尼、颜子乐处，所乐何事者也。然学者当深思而实体之，不可但以言语解会而已。"今端窃谓孔、颜之乐者，仁也，非是乐这仁，仁中自有其乐耳。且孔子安仁而乐在其中，颜子不违仁而不改其乐。安仁者，天然自有之仁；而乐在其中者，天然自有之乐也。不违仁者，守之之仁；而不改其乐者，守之之乐也。《语》曰"仁者不忧"，"不忧"，非乐而何？周、程、朱子不直说破，欲学者自得之。愚见学者鲜自得之，故为来学说破。（《通书述解·颜子第二十三》）

月川先生于此，直直地点破一个"仁"字，诚乃儒门千古相传的真血脉。这绝不是人云亦云的鹦鹉学舌，实在是月川先生"务躬行实践，而以静存为要"（《明史·曹端传》）而获的心得。《明史》中记载："（月川先生）读宋儒《太极图》《通书》《西铭》，叹曰：'道在是矣。'笃志研究，坐下着足处，两砖皆穿。"然而，他的"研究"绝非今人所谓的学术研究，实乃是究于心性、笃实心行的体证。这正是研读月川先生著作时所不可忽略的。

本书所收的《太极图说述解》和《通书述解》，乃是月川先生秉承朱子之解而作的述解，而无论是朱解，抑或是曹述，全都是为了有助于世人更为顺利、更为准确地理解周子之学。

因此，真正的主角，自当是周子。

较之月川先生，周子一生则显得逍遥自在而超然脱俗，用黄庭坚的话来说，便是："人品甚高，胸中洒落，如光风霁月。"于我看来，则月川先生乃贤者之气象，而周子则已颇有几分圣人气象矣！

周子，名敦颐（1017—1073），字茂叔，号濂溪，学者称濂溪先生。周子乃是宋明理学的发轫者，位于北宋五子（周敦颐、邵雍、张载、程颢、程颐）之首，在儒家之道没落逾千年（自孟子而后，直至宋初）之后，他"不由师传，默契道体"（朱子语），奋然崛起，向上接续羲皇、孔孟之心传，向下则开启洛（指二程之学）、闽（指朱子之学）之端绪，使得儒家之道再次复明于世。故而，《宋史·道学传序》中说："千有余载，至宋中叶，周敦颐出于舂陵，乃得圣贤不传之学。作《太极图说》《通书》，推明阴阳、五行之理，命于天而性于人者，了若指掌。"

关乎周子，有太多值得书写的地方，我们可以说他的一生是"安"且"乐"（不是世俗所谓快乐之乐，而是孟子所说"仰不愧于天，俯不怍于人"而坦荡无忧的"乐"）的，也可以说他的一生是"仁"且"义"的，更可以说他的一生是"智"且"勇"的。用他自己的话来说，则他的一生乃是"诚立"而"明通"的，"诚立，贤也；明通，圣也"（《养心亭说》），观夫周子一生，正是由贤入圣的一生。于此，且述其八九事，以见其圣贤之气象。

年轻时，周子曾出任分宁主簿，其时，县中有狱情，长久不得决断，周子至后，"一讯立辨，邑人惊曰：‘老吏不如也。’”此事为周子赢得了智断的美誉。时隔多年，周子改知南昌，南昌人皆奔走相告，说：“是能辨分宁狱者，吾属得所诉矣。”自此，“富家大姓、黠吏恶少惴惴焉，不独以得罪于令为忧，而又以污秽善政为耻”（《宋史·道学传·周敦颐传》），民风为之大改。

周子任南安军司理参军时，有一囚犯，罪不当死，转运使王逵向来好施酷刑，此次又欲治此囚犯于死，众人无敢直言者，惟独周子据理力争，可是王逵固执不听。于是，周子“乃委手板归，将弃官去，曰：‘如此尚可仕乎！杀人以媚人，吾不为也！’”王逵居然因为周子此举而醒悟，而那囚人也得以免于一死。其直其勇者，又如是也。

周子为郴州之桂阳令时，郴守李初平甚礼遇周子，并荐举了他。初平卒后，其子年幼，不能履行葬事，周子说：“吾事也。”“护其丧以归，葬之。士大夫闻君之风，识与不识，皆指君曰：‘是能葬举主者。’”（潘兴嗣《周敦颐墓志铭》）其忠义者，又如此也。

周子任合州判官时，赵清献公（赵抃）为使者，因听信小人谗言，对周子极为严厉，周子却处之超然。其后，两人因公相处，赵清献公细观周子的所作所为，方才醒悟，执其手，曰："几失君矣！今日乃知周茂叔也。"其安然自得者，又如此也。

熙宁元年，周子擢授广南东路转运判官，三年转虞部郎中，提点本路刑狱。在此任上，周子"不惮出入之勤，瘴毒之侵，虽荒崖绝岛，人迹所不至处，皆缓视徐按，务以洗冤泽物为己任"（蒲宗孟《周敦颐墓碣铭》），其尽忠行仁者，又如此也。

周子知南昌时，曾"得疾暴卒，更一日一夜始苏"，其友潘兴嗣"视其家，服御之物，止一敝箧，钱不满百，人莫不叹服"（《周敦颐墓志铭》）。又周子"平日俸禄，悉以周宗族，奉宾友，及分司而归，妻子饘粥或不给，旷然不以为意"（《周敦颐年谱》），其安贫乐道、好行施济者，又如是也。

蒲宗孟自负其妹"明爽端淑，欲求配而未之得"，然见周子后，与周子"语三日三夜，退而叹曰：'世有斯人欤！真吾妹之敌也！'"次年，即以其妹嫁周子。其风仪潇洒、超凡脱俗者，又如此也。

周子"生平襟怀飘洒，有高趣，常以仙翁、

隐者自许，尤乐佳山水，遇适意处，终日徜徉其间。酷爱庐阜，买田其旁，筑室自居，号曰濂溪书堂"（《周敦颐墓碣铭》）。其品行高致者，又如此也。

除上所述，周子善于教化、长于启发人心，甚或可以于三二日内，令求学者开发智慧：

周子为桂阳令时，郴守李初平甚贤之，对他说："吾欲读书，何如？"周子直言道："公老，无及矣，请为公言之。"两年之后，李初平果然有得。

侯师圣从学于伊川先生，未能有悟，走访周子。周子对他说："吾老矣，说不可不详。"留他对榻夜谈，三日后，侯师圣归，伊川先生与之交谈，惊异不已，说："非从周茂叔来耶？"

而程氏兄弟从学于周子，周子每每令他们寻孔、颜之乐处，所乐究竟为何事？明道先生受其学，而"闻汝南周茂叔论道，遂厌科举之业，慨然有求道之志"（伊川先生《明道先生行状》）。"自再见周茂叔，吟风弄月以归，有'吾与点也'之意"（明道先生自语）。伊川先生受其学，则于十八岁时（一说二十四岁）便作出《颜子所好何学论》，此文至今传于世，并撰有《易传》，明天人一贯之旨。噫！微周子，伊洛之学，自何而开？故胡子（宏）说："周子启程氏兄弟以不传之妙，一回万古之光明，如日丽天；将为百世之利泽，如水行地。其功盖在孔、孟之间矣。"（《通书序略》）

其善于教化者，又如是也。

然于本人看来，可明示周子入乎圣境者，莫过于此：

尝过浔阳，爱庐山，因筑室溪上，名之曰濂溪书堂。每从容为予言："可止可仕，古人无所必。束发为学，将有以设施，可泽于斯民者，必不得已，止未晚也。此濂溪者，异时与子相从于其上，歌咏先王之道，足矣。"（《周敦颐墓志铭》）

由此则知，周子可以止则止，可以仕则仕，进则以泽民为己任，退则歌咏先王之道。其已然近乎孟子所誉孔子之"圣之时者也"，故我说周子已然入圣矣！

尽管周子一生逍遥洒脱、自在无碍，然其疏于撰述，流传于世的著作非常之少，除却《太极图说》与《通书》，剩下的便只是数十篇短文和一些诗作了，总共亦不足万字。而其诗文，大多所反映的仍是《太极图说》《通书》之主旨，如《养心亭说》《爱莲说》等，用其自身的话来说，则便是"文以载道"也。

清人评价说："周子之学，以主静为宗，平生精粹，尽于《太极图说》《通书》之中。"（《四库全书总目·周元公集》）诚哉斯言！故而朱子对此二书推崇备至，解之如解经，黄瑞节先生甚或说："盖朱子之追事周子也，犹周子之追事吾孔、孟也，无一字不服膺焉耳。"而使得周子之学焕然大明于世者，正是朱子。

《太极图说》，由"无极而太极"，直说至人为万物之灵秀，而明示生而为人，当立人极。惟有如此，方不负天赋禀异，而无愧于人身。而立乎人极者，即为圣人。

《通书》四十章，进一步发明《太极图说》之旨，然亦有其独到之处。概言之，则有二者：一、周子拈出一个"诚"字来；此乃就理言，明示了

"圣人之道，仁义中正而已矣"。二、周子指出一个"复"字来；此则就工夫言，指出"复焉、执焉之谓贤"，而由贤则可以入圣。

由《太极图说》《通书》，可知周子实乃通达天道之人，乃是于天人一贯有着深刻体悟的人。然而，因为周子之书辞约、质朴而平淡，所以，常为世人所忽略。诚如五峰先生（胡宏）所说："人见其书之约也，而不知其道之大也；见其文之质也，而不知其义之精也；见其言之淡也，而不知其味之长也。"（《通书序略》）

此次，受上古社刘海滨兄之嘱，点校月川先生《太极图说述解》《通书述解》，旨在为读者提供一个相对精良之读本。海滨兄又嘱以导读一篇，概述圣贤之境界、气象，略述作品之由来，并"紧紧围绕实践工夫，从实地用功之角度，提示具体用功之方法"。

关乎月川先生、周子的贤圣气象，已然概述于前，此后则将在朱解、曹述的基础上对《太极图说》《通书》作出概要阐述，并辟出相当篇幅阐述《太极图说》《通书》中所蕴含的儒门工夫。

二　《太极图说》《通书》之由来

关乎《太极图说》《通书》的由来，历来众说纷纭，争论颇多，本人无意卷入种种是非争论之中，然经过多年的研读，亦确有自身的一点看法。今且分而述之。

关于《太极图说》之由来，自当一分为二而论之：一者，周子《太极图》的由来；二者，《太极图说》是否为周子之作，或者是否为周子学成之后所作。

周子《太极图》的由来，历来论者有三类：或称传之于陈抟老祖，"陈抟传种放，放传穆修，修传先生"（《周敦颐年谱》）。此多为倾于道家者言。或称传之于润州鹤林寺僧寿涯，且谓周子曾与胡文恭公（胡宿）同师之。此多为倾于禅家者言。或称之"不由师传，默契道体"，此朱子之言，为后世儒门所公认者也。相较而言，本人倾向于朱子之说。

盖勿论是倾于道家者言，抑或是倾于禅家者言，悉皆认为但凭周子自身则不足以为《太极图》，必有传授而后方可为之。此实属牵强之论。若人间之至灵至秀若周子者，不能为此图，则道之陈抟、释之寿涯即可为之乎？为此语者，盖为信仰所魅、门户所拘耳！

于本人看来，则周子《太极图》并无特别的由来，实乃本于《易经》与孔子《十翼》而作。盖周子之于《易》，研之既深，一日顿悟"《易》有太极，是生两仪，两仪生四象，四象生八卦，八卦定吉凶，吉凶生大业"，"乾道成男，坤道成女"，"一阴一阳之谓道，继之者善也，成之者性也"，"和顺于道德而理于义，穷理尽性以至于命"，"昔者圣人之作《易》也，将以顺性命之理，是以立天之道，曰阴与阳；立地之道，曰柔与刚；立人之道，曰仁与义"等大旨，喟然而叹曰："大哉《易》也！"慨然而作此图。此或即朱子所谓"不由师传，默契道体"者也。

因图是周子自作，故其作说，浑然而天成。诚如度正所说："盖非为此图者，不能为此说；非为此说者，不能为此图。义理混然，出于一人之手，决非前人创图，后人从而为之说也。"（《周敦颐年谱》）

关于《太极图说》，争论则主要有二：一者，谓"太极"不可"下同一物之理"；二者，起于首句"无极而太极"，言不可在"太极"上复加一"无极"。此二者皆由陆梭山（陆九韶）、陆象山（陆九渊）兄弟而发，他们以为"太极二字，圣人发明道之本源，微妙中正，岂有下同一物之理，左右之言过矣；今于上又加无极二字，是头上安头，过为虚无好高之论也"（转引自《晦庵答陆子美书》），就此认为"《太极图说》与《通书》不类，疑非周子所为，不然则是其学未成时所作。不然则或是传他人之文，后人不辨也"（转引自《晦庵答陆子静书》）。

如此则不但否定了周子为《太极图说》的作者（纵然是作者，也是"学未成时所作"），还将《太极图说》定为"过为虚无好高之论也"。

之于陆氏兄弟之言，朱子辩之甚明，惜乎文辞颇为繁芜。今且于此简略辩之，以明《太极图说》非是虚无之论：

若"太极"不可"下同一物之理"，则体用、理气截成两段，如此则违于体用一源、理气不二之旨。

　　而"太极"之上加"无极"，并非周子之创造，实乃是其遵从于《系辞》之必然。《系辞》上篇中明明说道："易有太极，是生两仪。"盖周子之"无极"，即"易"也。若谓在"太极"之上加"无极"二字，是头上安头，那么，"易有太极"之"易"岂不也是多安出来的头了？究其实，则"无极而太极""只是说无形而有理"，而理即是"太极"，"无极"只是强调了理"无形象、无声气、无方所""而充塞天地，贯彻古今"罢了（所引皆曹端语），不是说在"太极"之上又有一个"无极"在。

　　诚然，"无极而太极"之旨微奥难明。然而《太极图说》，实在揭示了道学的本源，有志于道学者，不可不慎思之也！

　　又有以二程兄弟受学于周子，却罕言"无极"，来否定周子为《太极图说》之作者。然本人昔日研习《周易程氏传》时，确然见伊川先生于《易序》中说："散之在理，则有万殊；统之在道，则无二致。所以'《易》有太极，是生两仪'。太极者，道也；两仪者，阴阳也；阴阳，一道也；太极，无极也。"则此说亦可不攻而自破了。

　　就此，或可下一结论：《太极图说》诚乃周子"不由师传，默契道体"而作。

　　至于《通书》，则历来诸学人皆能确认为周子所作，然亦有种种异说：或称之为周子习《易》的笔记，本名作《易通》；或称之为周子取孔子《系辞》之意而作；或称之为周子仿子思子《中庸》体例而作。概而言之，则《通书》只是周子的仿作，乃至于只是一部读后感，而实非周子思想成熟之后独立创作的作品。

　　确实，概观《通书》，其中时时贯穿着《易经》《十翼》《中庸》之主旨。然而，本人研读《通书》多年，却也深知其虽散为四十章，实质结构谨严、前后一贯，决非草率之作，更不是读书笔记所可比拟，实在是周子贯通《易经》《十翼》《大学》《中庸》《论语》《孟子》等之后的精心之作。

　　至于周子的立意，则曰通、曰圣、曰诚、曰复，四者皆可。以通言者，乃是就圣人"感而遂通"而妙用无穷者言；以圣言者，乃是就立人极而行仁义中正者言；以诚言者，乃是就生人之理而为圣人之本者言；以复言者，乃是就笃行立德之方而成圣成贤者言。通就妙用言，圣就成德言，诚就本体言，复就工夫言。研习《通书》能于此四者入手，庶几可矣。

故而，于本人看来，《通书》实乃周子观夫学不传、道不明于世久矣，奋然崛起，融五经、四书之旨，而明圣学、述天道的作品。

三　《通书》与立德成圣之法

《太极图》及《说》与《通书》互为表里，此乃历来之公认。若朱子说："盖先生之学之奥，其可以象告者，莫备于《太极》之一图。若《通书》之言，盖皆所以发明其蕴，而'诚''动静''理性命'等章为尤著。"此说实在无可非议，然而，其中尚有微妙之处需要点明：《太极图》及《说》与《通书》二者，根柢大体一致，皆是明示人极之本，然而重心却略有差别。《太极图》及《说》由无极而太极而阴阳、五行、万物、人，直上直下，贯通天人，言明体用一源、天人一贯之旨，一言以蔽之，则《太极图》及《说》重于义理的阐述。

《通书》自然也由"乾元""乾道"而明乎"性命之源",然而,却迅速拈出一个"诚"字来,指出"圣,诚而已矣",并展开了对于如何复归于"诚"的阐述,从某种意义上而言,《通书》更近乎是《诚书》,或是《复书》。概而言之,则《通书》侧重于成圣工夫的阐述。

如此一来,则不可简单地说:"先生之学,其妙具于《太极》一图,《通书》之言,皆发此图之蕴。"(朱子语)《通书》实有超出《太极图》及《说》之处,盖《太极图》及《说》,乃是顺着说,由"无极而太极"一路而下,直至立人之道。而《通书》则是逆着说,由士而贤、由贤而圣,步步落到实处,将儒门立德成圣的工夫细细说来。

这便是《太极图》及《说》与《通书》的微妙差别。故而,欲"从实地用功之角度,提示具体用功之方法",务必以《通书》为本。

依据《通书》,则立德成圣,可分为明志、求学、立德、行教、入化五步,而慎、复、师、友、务实、无欲、改过、公等散布于其间。

就吾人实修而言,自当重于明志、求学、立德三步，周子于此也付注了许多心血，现简述如下：

一、明志

欲立德成圣，明志实为根本，实因志不立，心力便无以集聚，心力分散，则势必一事无成。朱子有言："惟有志不立，直是无着力处。"阳明子说："志不立，天下无可成之事。"此皆明志之言也。

然而，立志又当立何志？其必曰：成圣成贤。不见曾文正公（国藩）有言："不为圣贤，便为禽兽！"若吾人今生不走成圣成贤之路，则即沦为禽兽之途。

然而，为何要立成圣成贤之志？此则必要明了生而为人之理，故在《通书》首章，周子便依据《易》"大哉乾元，万物资始""乾道变化，各正性命""一阴一阳之谓道，继之者，善也；成之者，性也"，而指明"纯然至善"的"诚"。（此实《太极图说》之大旨。）

由此可知，"诚"乃是我们生而为人的本然。而"圣，诚而已矣"《诚下第二》，这便是说，吾人生而为人，本来即是圣人。这也是孟子宣称"人皆可以为尧舜"的根本。

如此一来，成圣则即是返归吾人的本然，既是本然，自然是吾人理所当然的归宿。然而，吾人来到世间，往往会因为禀性的束缚、物欲的诱惑、习俗的熏染、时势的促使，而违背本然的"诚"。违背了"诚"，则便与禽兽相差无几了。

因此，生而为人，势必要复归于"诚"，而重新成为圣人。然而，成圣不易，自当由士而贤，由贤而圣。所以，周子说："圣希天，贤希圣，士希贤。"（《志、学第十》）并指引吾人"志伊尹之所志"，伊尹乃是大贤之人，"贤希圣"，他的志向自然便是成圣了。故知"志伊尹之所志"，即是以成圣为志。

二、求学

明志乃是立德成圣之始，明志而后学，此等学方才是真的学。故而，明志之后，务必求学。求学乃是立德成圣的关键，实是因为人不学，则不足以立德；德不立，则不足以成圣成贤。然而，需要指出的一点是：这里所说的"学"，绝非辞章、文学之学，而是修身立命之学。若是以辞章、文学之学视之，则终其一生也不能够立其德而成圣成贤。

故而，吾人当"学颜子之所学"，颜子之所学者，"不迁怒、不二过""三月不违仁"是也，亦即"复焉、执焉"，此乃大贤者的所作所为。志伊尹之志、学颜子之学，"过则圣，及则贤，不及则亦不失于令名"（《志、学第十》），故知学颜子，即是成圣成贤之方。

周子由贤而圣，乃由学成，实为先行者、过来人，故而，对于成圣之学，言之甚详。今试述如下：

其一，曰"察几"。

首先，周子指出了成圣之学的关键点："几。"

所谓"几"，即是"动之微"，处于未发和已发之间，人在应对外事外物之时，心甫一动，此间便是"几"。人能不能够"诚"，能不能够"发而皆中节"，全在于这一个"几"。

我们知道顺着"诚"去应事应物，自然无有不善、无不中节。然而，人们在应事应物时，常常不能完全顺应于"诚"，而是会受到禀性的束缚、物欲的诱惑、习俗的熏染、时势的促使，而生发出种种恶念，并行下种种恶行。而善与恶，正取决于

"几"。在应事应物之时，一念私意生发，若是不能及时自知并遏制，则必发展为恶念、恶行。反之，在应事应物之时，心意浑然无动，顺"诚"而为，则势必为至善（"善"不足以言之，势必言"至善"为妥）。所以，周子说"诚，无为"（《诚、几、德第三》），"诚"乃是实理自然的发现，又有何为？

由此，则可知两点：

1. 恶念、恶行的产生，全都是因为没有能够及时察"几"，而遏制恶意。

2."诚"为吾人的本然，顺"诚"而为，势必为善，如此则随顺吾人的本然，必无恶意、恶念、恶行，故知恶不是吾人的本然，实在是由外而来的。用朱子的话来说，便是"非心之固有，盖客寓也；非诚之正宗也，盖庶孽也"。（《诚、几、德第三》）

而"圣，诚而已矣"，但能全然顺"诚"而为，则已然为圣人。故知，成圣成贤势必在"几"上下工夫，及时察"几"，心但有动（"诚，无为"，"无为"则心不动），随即返之，而归于寂灭。久而久之，工夫打成一片，再也无须刻意把持，入于化境，则便是跻身圣域之人了。

然而，要察"几"，势必要"静"，故周子"主静"（静乃立德之方，将于立德部分细述，此则不赘）。若是上上根性之人，单单明了一个"几"字，即可超凡入圣。故周子于圣蕴第四章，直接明了地指出："诚、神、几，曰圣人。"然而，世间大多为中下根性之人，要察"几"返"诚"，尚需种种方便指引，因此，周子一片仁心，复又指出"慎动"二字。

其二，曰"慎动"。

"慎"之一字，乃是儒门千古相传心法，《大学》《中庸》皆以"慎独"为成圣成贤的根本要法。今周子以"慎动"为言，则与"慎独"略有差异："慎独"，乃是就"几"而言，"几"乃是己所独知而别人不知之处，也即是"独"。故知，"慎独"重在于察"几"而返"诚"。"慎动"，则是就已发而言，动而不能正，则势必为"邪动"，而"邪动，辱也；甚焉，害也"（《慎动第五》），为了避免"辱"、避免"害"，则应该"慎动"。

相较而言，"慎动"工夫浅，而"慎独"工夫深。然而，长久笃行"慎动"之工夫，心思日益细密，则自然会抵达"慎独"之境。"慎动"乃是周子所指示的工夫入手处。而要明白何为邪动，何为正动，则势必要明了何为德——仁、义、礼、智、信（诚、几、德第三）。惟有明了德，方才知晓自身的动是邪是正。然而，"慎动"者，止于把持而已，距离成圣则远矣。

其三，曰"求师"。

"人生而蒙，长无师友，则愚"（《师友下第二十五》），因此，若非"生而知之""安而行之"的天生圣人，欲成圣成贤，势必由学，而学则离不得师。求师乃成圣成贤的必须。然而，求师有方：则必曰意诚，则必曰善思。

所谓意诚，即如有相问，势必出于一片诚心，绝不可反复再三而问。《蒙、艮第四十》引蒙卦《象传》之文明示了这一点："童蒙求我，我正果行，如筮焉。筮，叩神也，再三，则渎矣，渎，则不告也。"

所谓善思，有二：一则为勤苦；二则为闻一知二、知三，乃至于知十。《圣蕴第二十九》引《论语》"不愤不启，不悱不发，举一隅不以三隅反，则不复也"说明了这两点。不勤苦者，何足以教化？又何足以成人？诚如月川先生所说："勤勤勤勤，不勤难为人上人；苦苦苦苦，不苦如何通古今？"而闻一不能知二、知三者，乃是死学之人，如此之人大多泥古不化，而不能成才！

然求师能否有成，不但取决于求师者，更取决于为师者。因此，周子亦指明为师之道，概而言之，则当为他人明确指示出"中"，而"俾人自易其恶，自至其中而已矣"。此即所谓"先觉觉后觉"也。今日之为师者，则与此截然相悖，哀哉！

其四，曰"深思"。

孟子曰："心之官，则思。思则得之，不思则不得也。"《洪范》曰："思曰睿，睿作圣。"故知思乃成圣之方也。然而，又应当思什么？如何思？答曰：思当思返"诚"，思当深思之。

思返"诚"而能深思，则自当抵达于"诚"，而"诚者，不思而得，不勉而中，从容中道"（《中庸》），则可知思乃是为了"不思"。所以，周子说："无思而无不通，为圣人"（《思第九》）。

其五，曰"良友"。

孔子曰："有朋自远方来，不亦乐乎?"曾子曰："君子以文会友，以友辅仁。"《学记》曰："独学而无友，则孤陋而寡闻。"故知为学不可以无友。

然而，世间良友不多，所谓良友者，有二：一者，告过；二者，劝改过。"人之生，不幸，不闻过"（幸第八），不闻过者，无良友也。"'不善，则告之不善。'且劝曰：'庶几有改乎。'"（《爱、敬第十五》）人有不善，不但告之，还劝之改之，此乃良友也。

而吾人与良友相处，则当：

1. 喜闻过；
2. 善听规劝，而速改过；
3. 学其善者，劝其不善。

其六，曰"改过"。

《左传》有云："人谁无过? 过而能改，善莫大焉。"孔子曰："过而不改，是为过矣。"除却"生而知之""安而行之"的天生圣人之外，人人皆会有过，然而，能改则善，惟过而不改，才是真过。故而，若有师友指明吾人的过误，自当及时改过。

而要改过，势必要生发悔心，无悔心则不足以改过。人要有悔心，则必要有耻心，人若无耻，则必无悔心。如此之人，纵然闻过，亦不能改。故而，周子说人的"大不幸"乃是"无耻"。然而，亦不可沉溺于追悔之中，而应当迅速改过而自新。

又，改过应当公布自身的过错，人之所以不能改过，大多是因为侥幸心理作祟，而侥幸心理多出于他人不知己过。一旦过错公布于众，则众人皆知，又何来侥幸之心？

历来贤圣皆视改过为修身之要则，如蕺山先生（刘宗周）《人谱》中便有讼过法及改过说，而二曲先生（李颙）则撰有一篇《悔过自新说》，悉皆将悔过、改过视为成圣之方，颇值一观。

其七，曰"戒名胜"。

所谓"名胜"，即名胜于实，俗言之，即是名不副实。之所以会出现这种情况，乃是因为求名所致。人生在世，常常难逃名利二字的束缚。求利者，"鸡鸣而起，孳孳为利"（孟子语）；求名者，则千方百计沽名钓誉。甚至不惜伪装，以谋虚名。

然而，"名胜，耻也"（《务实第十四》），名胜于实，乃是可耻之事。不但可耻，最终还会为虚名所累。所以，"小人日忧"（伪而求名者，实小人也）。

故君子务必"戒名胜"，而"进德修业，孳孳不息，务实胜也"（《务实第十四》）。所谓"实胜"，即是实胜于名。不但名副其实，而且实胜于名，如此者，何忧之有？不但无忧，与人相处，他人还会愈久而愈发敬之，所以，周子说："君子日休（休者，美也）。"

其八，曰"戒文辞"。

世间文人，多致力于文辞之华丽、言词之繁芜，惜乎常常文不足以载道，词不能够感人，甚或流于妖冶，令人心生妄想、溺于荒淫。这实在是作文者的大罪。

周子感念于世间此等文人之众，而发出慨然之辞："不知务道德而第以文辞为能者，艺焉而已。噫！弊也久矣！"（《文辞第二十八》）

那么，为文者又应当如何呢？周子说："文，所以载道也。"而文欲载道，有一前提：作文者务须有德。惟有德在身，方可以文载道。

当然，有德者不必有言，因此，作为一项艺术，文辞也是应当修学的部分，否则便会出现"意中了了而言不足以发之"（朱子语）的状况，此种状况并不少见，通明如明道先生者，亦曾说："《西铭》，吾得其意，但无子厚（即张载）笔力，不能作耳。"所以，孔子亦强调"辞达而已矣"。因而，本人所说的"戒文辞"，不是不要文辞，而是不应作浮夸、虚无之文，但凡作文，务必要以载道为归！若周子者，诚文以载道者也。吾人细读其《爱莲说》《养心亭说》等，自可明了。

三、立德

学是为了立德，然此上所言，除却"几"一节可以引人入圣外（惜乎察"几"而返"诚"，惟上上根性之人方可为之），其余则皆为浅层工夫，以释门之言言之，则仅为培福报的资粮，距离真正成圣成贤，可谓远哉！

实要成圣成贤，则务必尽心知性，窥见吾人本来面目。故而，在慎动、改过等之后，尚有一道坎需要越过，越过则为贤，越不过则为士。这便是立德。

而欲立德，其本在乎静。察"几"需静，明"诚"亦需静。所谓水澄则珠自现，心静则性自明。所以，"周子之学，以主静为宗"。静之一字，实乃千古圣贤相传的修身之方，历来由静而窥见心性者，不在少数。如白沙先生（陈献章）自言"于静坐中窥见端倪"，阳明子亦是于静坐中洞察良知。

然而，何以静？又应当静至何等程度，方可谓之为"知性"？"知性"之后又当如何方可立德？现逐一陈述如下：

何以静？于初学者而言，势必静坐而后静。静坐之仪，不必刻意，但求舒适、自在即可。静坐当重在于反观自身的心念，即在自身的起心动念处入手。一旦静坐，吾人自然会发现自身的起心动念如川流不息，一分一秒也不曾消停。所以，许多人通常不静坐则已，静坐之后则更加苦恼。

此时，则可试验两种方法：

1. 汇众念于一念；此即释门所说的"系心一处"，但能"系心一处"，则"无事不办"。

2. 置众念于不顾；即任凭诸念来往起伏，不问不管，久而久之，诸念自然平息，而归于无念之境。

此二法，皆于初学者颇为有益。前一法，较易入手，然最终须将那一念也消掉。

静至何等程度为"知性"？此则需要实证而后方可言之，否则徒逞口舌，而实无益处。简言之，则为"在静坐中窥见端倪"，由此可见，不但初学者要静坐，久习者亦当静坐。所以伊川先生每见人静坐便许为善学。而朱子一生则持续不断地静坐，每日凌晨早早起身，坐于书房以待天明。

然则，何为"在静坐中窥见端倪"？蕺山先生《人谱》讼过法中有一段文字近乎是也："顷之，一线清明之气徐徐来，若向太虚然，此心便与太虚同体，乃知从前都是妄缘，妄则非真。一真自若，湛湛澄澄，迎之无来，随之无去，却是本来真面目也。"果能如此，则可谓之为"知性"矣。

然则"知性"即是立德否？答曰：否也！

盖因"知性"或可由静坐而得，然而，尚有诸多习气未除，故而仍需努力。此努力又分为两层：

一者，静坐中消融习气；最终当至于但凡落座，即可入于无念之境。蕺山先生称此为"葆任"：

"此时正好与之葆任，忽有一尘起（指习气使然之心念），辄吹落。又葆任一回，忽有一尘起，辄吹落。如此数番，勿忘勿助，勿问效验如何。"（《人谱》）但能如此"葆任"，则自然可以于静坐中时时入于无念之境。

二者，动中消融习气。静中长久处于无念，则易成寂灭状。儒门中人尚需应事应物，教化众生，故而，务必于动中亦得得处于无念之境。

由静至动，实乃是一根本性的转变。习者往往于静中甚为得力，动中却常常把持不住，一遇到事，便又心绪纷飞。然而，习者但能将静中之无念，延续至动中，即可有成，如蕺山先生所说："一霍间，整身而起，闭合终日。"（同上）

所谓动中无念，亦即身在凡尘，应事应物，不动不摇，如明镜照物，历历分明。故而，明道先生说："所谓定者，动亦定，静亦定，无将迎，无内外。"（《定性书》）抵得此种境地，则德便自然呈现，此刻应事应物，时时皆是"恻隐之心""羞恶之心""恭敬之心""是非之心"，无一不是顺"诚"而发，无一发不中节。至此方可谓之为立德。就此，则由士而贤矣。

儒门之工夫，重在明志、求学、立德三步，一旦立德，则自然便会亲民、爱民，亲民、爱民则自然就会教化人民，而教民则当由近及远，故知立德之后的行教，则为齐家、治国、平天下的圣贤事业了。关于行教，周子述之甚为详实，其中若礼、若乐、若刑等皆是，读者但能细阅《通书》文本，自可知也，此则不复赘言。

至于最后一步——入化，则已然成圣了。圣之于贤，粗看之似无差别，其实差距甚远，确言之，则两者之别在于：贤者用心，圣人无意。——贤者虽亦可时时中节，然而，始终需要用心把持，略有散失，则势必会流于虚无、空寂。故曰"复焉、执焉之谓贤"。圣人则逍遥自在，无需一丝把捉，即可"发而皆中节"。此等境地，孔子述之多矣，其曰"从心所欲不逾矩"，其曰"予欲无言"，其曰"易，无思也，无为也，寂然不动，感而遂通天下之故"。观夫周子《通书》，实以圣人为归宗者。

儒门之学，实为心学也、人学也，不在文辞，而在乎究心而躬行，今据周子《通书》略述儒门工夫如上，惟愿见之者能奋然而学之，此则幸事尔！

四　整理说明

月川先生《太极图说述解》《通书述解》，现存于世者，有近十种，并不难觅。然而，称得上是善本的却也不多，大多版本颇多阙句错字的现象。

受海滨兄之嘱，此次点校以马一浮先生主持复性书院时，于 1940 年刊印的"儒林典要"第一辑《太极图说述解》《通书述解》（简称复性书院本）为底本，以文渊阁四库全书子部儒家类《太极图说述解》《通书述解》（简称四库全书本）为校本。对于《太极图说》《通书》原文，则又参考了清光绪十三年贺瑞麟本《周子全书》和 1936 年商务印书馆印行的《周濂溪集》（该版本以清康熙四十七年张伯行编《周濂溪先生全集》为底本）。

经比较，复性书院本实远胜于其他诸本，尤于义理层面更见精准，足见马先生当年校刊"儒林典要"的用心细密。兹举一例为证：

《通书述解·诚、几、德第三》，月川先生曾引朱子之语以疏"诚，无为；几，善恶"之意，其中以两个图明示了周子之意和胡子之失（即同体异用说），复性书院本中二图为：

（图一）　　　　　　　（图二）

很显然，这两个图准确地表达了周子的本意和胡子的过误。由图一可知，自诚而动，自然会善；而恶则不是自诚而动而后有者，是支流，实乃是偏离了诚之后，私欲之流行所导致的，乃是"客寓"者，而非主人。

而依据图二，则可以明了善、恶同出于一源，皆为自诚而动所生者，此正是胡子"同体异用"之说也。然而，自诚而动，岂能为恶？故知胡子之说，实为谬误也！诚如朱子所说："若以善恶为东西相对，彼此角立，则天理、人欲同出一源，未发之前，已具此两端，所谓天命之性，亦甚污杂矣。"

然而，他本之图，则难以表达以上义理，如四库全书本中二图为：

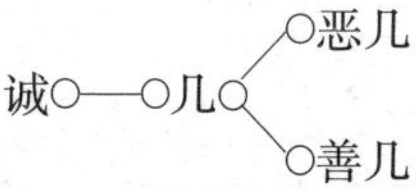

诚○—○几〈○恶几／○善几　　　诚○—○几⌐○恶几└○善几

（图一） 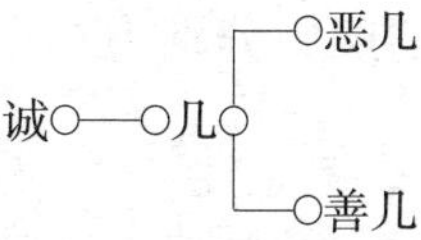　　　　　　（图二）

此二图，乍看上去似有分别，实质却分别不大，至少给人感觉，善几、恶几二者皆是角立而并存的。若不配以文字解说，很难令人想到前一个图中的恶几乃是"客寓"者，既不是"客寓"者，则即是主人，如此则又同于胡子"同体异用"之说了。

概而言之，两个版本文字小有出入，而复性书院本校勘精审，实有其独到之处。

本书结构大体与复性书院本一致，《太极图说述解》前置月川先生自序。《通书述解》前置夏峰先生（孙奇逢）《通书述解序》《笺通书述解》，后则置月川先生《通书总论》《通书后疏》。

为便于读者更为深入地把握周子《太极图说》，本书于《太极图说述解》后另附了一篇《朱子辩及注后记》。此外，为增进读者对周子的了解，更好地会通《太极图说》《通书》的宗旨，整理者又增加了两类附录：《宋史·道学传·周敦颐传》和三篇后跋，分别为祁宽、朱熹、张栻撰。

　　点校的价值在于订正旧有刊本的讹误，并加以标点，目的有二：1. 为读者提供一个相对精良的版本。2. 通过正确的断句（标点乃是断句的工具，加以标点，重点在于正确断句），以帮助读者读通读懂往圣先贤的深邃思想。本次点校，因所用底本（复性书院本）相对优良，除订正了少许讹误之外，主要精力则用于断句和标点。尽量避免因断句不当而导致文意混乱，不可理解，甚或误导他人。

　　古人有云"校书若扫落叶，扫之又落"，校书欲至于完满，几无可能，故点校者惟有尽力而已。本书错误、疏漏之处，惟望读者批评指正！

　　丁酉年闰六月廿五日，射阳邵逝夫于昆明世博园七号。

太极图说

述解

太极图说述解序

太极，理之别名耳。天道之立，实理所为。理学之源，实天所出。是故河出图，天之所以授羲也；洛出书，天之所以锡禹也。羲则图而作《易》，八卦画焉；禹则书而明《范》，九畴叙焉。圣心，一天理而已；圣作，一天为而已。且以羲《易》言之，八卦及六十四卦次序、方位之图，曰先天者，以太极为本，而生出运用无穷，虽欲绍大明，前民用，然实理学之一初焉。厥后，文王系卦辞，周公系爻辞，其义始明且备，命曰《周易》。及孔子《十翼》之作，发明羲画、周经之旨，大明悉备，而理学之传有宗焉。其曰："易有太极，是生两仪，两仪生四象，四象生八卦。"羲《易》说也。"太极"者，象数未形而其理已具之称，形器已具而其理无朕之目。"是生两仪"，则太极固太极。"两仪生四象"，则两仪为太极。"四象生八卦"，则四象为太极。推而至于六十四卦，生之者，皆太极焉。然则羲《易》，未有文字而为文字之祖，不言理学而为理学之宗。

噫！自木铎声消，儒者所传周经、孔传之文，而羲图无传，遂为异流窃之而用于他术焉。至宋邵康节，始克收旧物，而新其说，以阐其微。及朱子出，而为《易》图说启蒙之书，则羲《易》有传矣。不惟羲《易》千载之一明，而实世道人心之万幸也。伊川程子，康节之同游，传《易》而弗之及，果偶未之见耶？抑不信邵之传耶？若夫濂溪周子，二程师也，其于羲图，想亦偶未之见焉，然而心会太极体用之全，妙太极动静之机，虽不践羲迹，而直入羲室矣。于是手《太极图》而口其说，以示二程，则又为理学之一初焉。何也？盖孔子而后，论太极者，皆以气言，老子道生一而后乃生二，庄子师之，曰："道在太极之先。"曰一、曰太极，皆指作天、地、人三者气形已具而浑沦未判之名。道为一之母，在太极之先，而不知道即太极，太极即道。以通行而言，则曰道；以极致而言，则曰极；以不杂而言，则曰一。夫岂有二耶？《列子》浑沦之云，《汉志》含三为一之说，所指皆同。微周子启千载不传之秘，则孰知太极之为理，而非气也哉？且理，语不能显，默不能隐，固非图之可形，说之可状，只心会之何如耳。二程得周子之图之说，而终身不以示人，非秘之，无可传之人也。

是后，有增周说首句，曰"自无极而为太极"，则亦老、庄之流；有谓太极上不当加"无极"二字者，则又不知周子理不离乎阴阳、不杂乎阴阳之旨矣。亦惟朱子克究厥旨，遂尊以为经而注解之，真至当归一说也。至于语录，或出讲究未定之前，或出应答仓卒之际，百得之中，不无一失，非朱子之成书也。近世儒者多不之讲，间有讲焉，非舍朱说而用他说，则信语录而疑注解，所谓弃良玉而取顽石，掇碎铁而掷成器，良可惜也。

端成童业农，弱而学儒，渐脱流俗，放异端，然尚縻于科举之学者二十余年。自强而后，因改所学而潜心玩理，几十年之间，稍有一发之见，而窃患为此书病者，如前所云。乃敢于讲授之际，大书周说而分布朱解，倘朱解之中有未易晓者，辄以所闻释之，名曰《述解》，用便初学者之讲贯而已，非敢渎高明之观听也。

　　端前为序，冗中举概，而但辨语录"太极不自会动静"一段之戾。迩因头目风眩，坐卧密室，良久默思，不满意，乃口授此，命子琇笔而易之，仍取《辨戾》及诗、赞附卷末，尚就有道而正焉。

　　宣德戊甲三月庚子，霍州学正渑池曹端序。

太极图①

　　《太极图》者，濂溪周先生之所作也。先生学由天授，道得心传，而力行尤笃，其妙具于《太极图》，是心造化之妙，手造化之真。而《通书》之言，亦口此图之蕴者。程先生兄弟之语性命，亦未尝不因其说。潘清逸志先生之墓，而叙所著之书，特以作《太极图》为称首。然则太极一图，其道学之本源。噫！有志道学者，宜致思焉。

---

　　① 《太极图》乃周子所作，朱子依图解说，月川先生秉承朱子之意，复又作了述解。此次点校仿照旧例，以加黑字标示朱子之解说，而以正文字标示月川先生之述解。为了便于阅读，又对朱子解说作了分行，而将相应的月川述解系于其下。

太极图说、通书述解

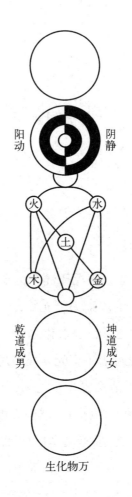

○，太极。**此所谓无极而太极也。**

"无"，谓无形象、无声气、无方所。

"极"，谓至极，理之别名也。"太"者，大无

8

以加之谓。凡天地间之有形象、声气、方所者，皆不甚大，如此极，虽无声气，而有形象、方所焉。惟理，则无形象之可见、无声气之可闻、无方所之可指，而实充塞天地、贯彻古今。周子有见于此，故曰"无极而太极"也。

所以动而阳、静而阴之本体也，然非有以离乎阴阳也。

太极，理也；阴阳，气也。有理则有气，气之所在，理之所在也，理岂离乎气哉！

即阴阳而指其本体，

太极，是就阴阳之动静，而指为是动静之本体言也。

不杂乎阴阳而为言耳。

理虽在气中，却不与气混杂，此周子既图之于阳动阴静之中，而又特挑于上，以著理气之不相杂也。

◉，阴静，阳动。此◯太极。**之动而阳，静而阴也。**

阴阳。

中◯太极。**者，其本体也；**◖阳动。**者，阳之动也，**◯太极。**之用所以行也；**◗阴静。**者，阴之静也，**◯太极。**之体所以立也。**

太极以静而立其体，以动而行其用，则天下万事之体用由之，序《易》者有曰："体用一原。""一原"，即太极也。

◗阴中之阳。**者，**◖阳动。**之根也；**◖阳中之阴。**者，**◗阴静。**之根也。**⚛，阳变阴合，水、火、木、金、土者。**此阳变阴合，而生水、火、木、金、土也。**〜阳变。**者，阳之变也；**

阳变而阴，而生水、金。

⌒阴合。**者，阴之合也；**

阴合而阳，而生火、木。土则生于变合之中，而阴阳具，故中和焉。

㊌阴盛，故居右；

右，阴位也。

㊋阳盛，故居左；

左，阳位也。

㊍阳稺，故次火；

少阳，次于老阳之下。

㊎阴稺，故次水；

少阴，次于老阴之下。

㊏冲气，故居中；

冲气者，中和之气也，故居四者之中。

而水、火之  变合。**交系乎上，**

水居右，而左系于上之阳动；火居左，而右系于上之阴静。

阴根阳、阳根阴也；

水阴，而根于阳动；火阳，而根于阴静。

故水内明，则阴中有阳矣；火内暗，则阳中有
阴矣。

水而木，

水生木。

木而火，

木生火。

火而土，

火生土。

土而金，

土生金。

金而复水，

金又生水。

如环无端，

这便似圆环之转，而无端倪之可举。

五气布，四时行也。

> 木气布而为春，万物以生；火气布而为
> 夏，万物以长；金气布而为秋，万物以敛；水
> 气布而为冬，万物以藏。土气则寄于四序之
> 间，而四时行矣。

○太极。◉阴静，阳动。⚛，五行。**五行，一
阴阳；**

> 自五行而反，说归阳动、阴静。

五殊二实，

> 其质，则有水、火、木、金、土五者之
> 殊；其气，则不外乎阴、阳二者之实。

无余欠也。

> 二气之在五行，既无有余，又无不足。

阴阳，一太极；

> 自二气而反，说归太极。

精粗本末，

> 曰精、曰本，以理言；曰粗、曰末，以气言。

无彼此也。

> 气以理而生，理以气而寓，无彼此之间也。

太极，本无极；

> 理之所以为太，无以加者，以其无形象、声气、方所，而无不在焉。

上天之载，无声臭也。

> "载"字，《诗》本以事言，《中庸》引之，则断章取义，以理言。朱子举理无声气，则无形象、方所，亦可知矣。

五行之生，各一其性，

> "性"，即理也，指太极而言，且水、火、木、金、土之生。

气殊质异，

> 气既有温热、凉寒之不同，而质亦有太

刚、太柔、少刚、少柔之不同也。

各一其◯，太极。

五行各具一太极，故曰"各一其性"，如所谓"水曰润下，火曰炎上，木曰曲直，金曰从革"之类。

无假借也。

随在各足，不相假借。

，真精妙合。**此无极、二五，所以妙合而无间也。**

周子说："无极之真，二五之精，妙合而凝。""真"以理言，"精"以气言，理与气妙合凝聚而无间断，所以为造化生生之道也。

◯，乾道成男，坤道成女。**乾男坤女，**

阳而健者成男，则父道也；阴而顺者成女，则母道也。

以气化者言也,

　　此言厥初生人物,只是阴阳二气变化出
来,不曾有种,故曰"气化"。

各一其性,

　　乾健坤顺,男刚女柔,其性不同。

而男女,一太极也。

　　周子于乾男、坤女之中画一太极,所以明
男女一理耳。

○ ,**万物化生。万物化生,**

　　凡天地间飞潜、动植之物,既有形矣,而造
化之气寓焉,于是形交气感,而自相生于无穷。

以形化者言也,

　　此言人物既生之后,则人自生人,物自生
物,故曰"形化"。

各一其性,

　　飞潜、动植,各一其性。

而万物，一太极也。

　　周子于万物化生之上画一太极，所以明万物同一理耳。大抵一理散而为万物，万物合而为一理，造化以此而已，圣人亦以此而已。故子思子曰："天地之道，可一言而尽也。"夫子曰："吾道一以贯之。"又曰："予一以贯之。"造化，圣人岂有二道也哉？

　　此以上，引《说》解剥《图》体。此以下，据《图》推尽《说》意。

唯人也，得其秀而最灵，

　　天地间只有生而为人者，禀得阴阳、五行之气之秀者，故其心为最灵，而有以不失其性之全，所以天地之性，人为贵也。

则所谓人 ◯ 极。者，于是乎在矣。

　　则凡所言人之极者，于此而在，盖人心即太极也。

然形，◗阴静。之为也；

> 周子言"形既生矣"之"形"，是人之形质，则指凝合一定者，乃阴静之所为也。

神，◖阳动。之发也。

> 周子言"神发知矣"之"神"，是人之精神，则指运行不息者，乃阳动之发达也。

五性，⊕五行。之德也。

> 五常之性，即禀五行之德，木德曰仁，金德曰义，火德曰礼，水德曰智，土德曰信。以在天之五行，为在人之五常，是则人一天耳。

善恶，男女之分也，

> 人性本善，而感动则有中节、不中节之分。其中节者，为善；不中节者，为恶。善恶而曰男女之分者，男阳而女阴，阳善而阴恶也。

万事，万物之象也，

> 事之万变，是万物形著之象也。

此天下之动，所以纷纶交错，

　　此天下万事之变动，所以有不胜之乱杂焉。

而吉、凶、悔、吝所由以生也。

　　"吉"者，动之善；"凶"者，吉之反；
"悔"者，吉之未成；"吝"者，凶之未成。四
者自此而生。

惟圣人者，又得夫秀之精一，

　　只有生知、安行之圣人，则又独得阴阳、
五行之秀之精粹，纯一之至。

而有以全乎◯太极。之体用者也，

　　且太极以静而立其体，以动而行其用，而
圣人则有以全之于一身之间。

是以一动一静，各臻其极，

　　此所以或动或静，无不到至善之地。

而天下之故，常感通乎寂然不动之中。

　　则凡天下大小事务，常感而通之于此心寂

凝不动之中。

盖中也，仁也，感也，

中为礼，曰仁则属春，曰礼则属夏，是造化、流行、发育之象，乃感之事也。

所谓☾阳动。也，◯太极。之用所以行也；

动者为用，即太极之用行。

正也，义也，寂也，

正为智，曰义则属秋，曰智则属冬，是造化、收敛、归藏之时，乃寂然之事也。

所谓☽阴静。也，◯太极。之体所以立也。

静者为体，即太极之体立。

中正仁义，浑然全体，

中正仁义之德，乃圣人浑然全具之体也。

而静者常为主焉，

"静"者，谓无私欲也。

则人 ◯ 极。于是乎立，

　　则天下之人极，由圣人而立矣。

而 ◯ 太极。◉ 阴阳。✕，五行。天地、日月、
四时、鬼神，有所不能违矣。

　　凡造化之成象成形①，有幽有明，或动或
　　静，举不能违乎此。

君子之戒慎、恐惧，所以修此而吉也。

　　"君子戒慎乎其所不睹，恐惧乎其所不闻"
　　者，所以能修此极而吉，吉则以得福言。

小人之放、僻、邪、侈，所以悖此而凶也。

　　小人则放纵、非僻、淫邪、骄侈，无所不
　　为，所以悖此极而凶，凶则以取祸言。

天、地、人之道，各一 ◯ 太极。也。

　　天有所以为天之理，地有所以为地之理，

————————

　　① "成象成形"，复性书院本作"或象或形"，于义理欠
妥，今据四库全书本改。

人有所以为人之理。

阳也，

> 立天之道的阳。

刚也，

> 立地之道的刚。

仁也，

> 立人之道的仁。

所谓 ◖ **阳动。也，物之始也。**

> 万物所资以为始者，此说原始而知所以
> 生也。

阴也，

> 立天之道的阴。

柔也，

> 立地之道的柔。

义也,

> 立人之道的义。

所谓 ☽ 阴静。也,物之终也。

> 万物所资以为终者,此说反终而知所以
> 死也。

此所谓《易》也。

> 凡《图》中所有造化、人事、动静、始
> 终,皆《易》之道也。

而三极之道立焉,

> 而天、地、人三才之道,赖此以立。

实则一 ◯ 太极。也,

> 三才之分虽殊,实则一理而已。

故曰:"易有太极。"

> 赞《易》圣人所以言变易之中有至极
> 之理。

◉阴阳。**之谓也。**

　　阴阳之中，指出本体，而曰太极焉耳。阴阳以气言，刚柔以质言，仁义以理言。

太极图说①

无极而太极。"无极而太极"，只是说无形而有理。所谓"太极"者，只二气、五行之理，非别有物为太极也。

"无"，谓无形象，无声气，无方所；
"极"，谓至极，理之别名也。"太"者，大无
以加之称。天地间凡有形象、声气、方所者，
皆不甚大，如此极者，虽无声气，而有形象、
方所焉。惟理，则无形象之可见，无声气之可

---

① 《太极图说》，周子之作，朱子从而解之，月川先生又
秉朱子之解而作述解，其曰："……大书周说，而分布朱解，
倘朱解之中有未易晓者，辄以所闻释之，名曰《述解》。"今循
其例，周子原文用加黑字，朱解及月川述解则以正文字体，月
川述解之中的小字夹注，则以小号的仿宋字排印。

闻，无方所之可指，而实充塞天地，贯彻古今，大孰加焉？自孟子而后，真知灼见，唯一周子耳。故其言曰："无极而太极。"而朱子释之曰："上天之载，无声无臭，'载'字，《诗》本以事言，《中庸》引之，而断章取义，则以理言，此则本《中庸》之义，而言理无声气。而为造化之枢纽、品汇之根柢也，故曰'无极而太极'。非太极之外，复有无极也。"太极者，本然之妙，而有动静焉。动静者，所乘之机也，而无止息焉。且太极之有动静，是天命之流行也，所谓"一阴一阳之谓道"。诚者，圣人之本，物之终始，而命之道也。

太极动而生阳，

其动也，诚之通也，是继之者善，属阳，故曰"生阳"，而万物之所以资始也。

动极而静，

"极"者，终也。动不常动，故动之终则有静焉。

静而生阴，

其静也，诚之复也，是成之者性，属阴，故曰"生阴"，而万物各正其性命也。

静极复动。

静不常静，故静之终则又动焉。

一动一静，互为其根。

太极之动，不生于动而生于静，是静为动之根；太极之静，不生于静而生于动，是动为静之根。

分阴分阳，两仪立焉。

静则太极之体立，而阴以分；动则太极之用行，而阳以分。于是天地定位而两仪立矣。其曰"动极而静""静极复动""一动一静，互为其根"，是命之所以流行而不已也；其曰"动而生阳""静而生阴""分阴分阳，两仪立焉"，是分之所以①一定而不移也。盖太极，形

———————

① "所以"，原缺，据四库全书本补。

而上之道也；阴阳，形而下之器也。是以自其
著者而观之，则动静不同时、阴阳不同位，而
太极无所不在焉；自其微者而观之，则冲漠无
朕，而动静、阴阳之理已悉具于其中矣。虽
然，推之于前而不见其始之合，引之于后而不
见其终之离也。故程子曰："动静无端，阴阳
无始，非知道者，孰能识之？"

阳变阴合，而生水、火、木、金、土。

　　阳变而阴，而生水与金；阴合而阳，而生
火与木。土则生于变合之中，而阴阳具。

五气顺布，四时行焉。

　　自是以来，木气布而为春，万物以生；火
气布而为夏，万物以长；金气布而为秋，万物以
敛；水气布而为冬，万物以藏；土气则寄于四序
之间，而四时行矣。大抵有太极，则一动一静而
两仪分；有阴阳，则一变一合而五行具。然五行
者，质具于地，而气行于天者也。以质而语其生
之序，则曰水、火、木、金、土，而水、木，阳
也；<small>以其同出乎阳动之变也。</small>火、金，阴也。<small>以其同出乎</small>

阴静之合也。以气而语其行之序，则曰木、火、土、金、水，而木、火，阳也；以其同居乎阳位也。金、水，阴也。以其同居乎阴位也。又统而言之，则气阳而质阴也；五行之成气而行于天者，皆曰阳；五行之成形而行于地者，皆曰阴。又错而言之，则动阳而静阴也。水、火，动而阳者也；木、金，静而阴者也。盖五行之变，至于不可穷，然无适而非阴阳之道。至其所以为阴阳者，则又无适而非太极之本然也，夫岂有所亏欠间隔哉！

五行，一阴阳也；

五行异质，四时异气，而皆不能外乎阴阳，是五行只一阴阳而已。

阴阳，一太极也；

阴阳异位，动静异时，而皆不能离乎太极，是阴阳只一太极而已。

太极，本无极也。

至于所以为太极者，又初无声气之可言，无形象之可见，无方所之可指，是性之本体然也，天下岂有性外之物哉？

五行之生也，各一其性。

"性"，即太极也。然五行之生，随其气质而所禀不同，如"水曰润下，火曰炎上，木曰曲直，金曰从革"，所谓"各一其性"也。"各一其性"，则浑然太极之全体，无不各具于一物之中，而性无所不在又可见矣。盖五行具，则造化发育之具无不备焉，故又即此而推本之，以明其浑然一体，莫非无极之妙，亦未尝不各具于一物之中也。

无极之真，

"真"以理言，无妄之谓也。

二五之精，

"二"，阴阳也；"五"，五行也。"精"以气言，不二之名也。

妙合而凝。

"妙合"者，理气浑融而无间也。"凝"

者，聚也，气聚而成形。盖性为之主，而阴阳、五行为之经纬、错综。一直一横曰经纬，往来上下曰错综。又各以类聚而成形，则天下无性外之物，而性无不在焉。

乾道成男，

"乾"者，阳之气，而性之健也。阳而健者成男，则父之道也。

坤道成女，

"坤"者，阴之气，而性之顺也。阴而顺者成女，则母之道也。

二气交感，化生万物。

于是阴阳二气自相交感，则阳施阴受而化生万类之物，是人物之始，以气化而生者也。

万物生生，而变化无穷焉。

二五之气，聚而成形，则人有男女，物有牝牡；合而成偶，则形交气感，遂以形化，而人物生生而变化无穷矣。自男女而观之，则男女各一其性，是分而言之。而男女一太极也；是合而言之。自万物而观之，则万物各一其性，是分而言之。而万物一太极也。是合而言之。盖合而言之，万物统体一太极也；分而言之，一物各具一太极也。所谓天下无性外之物，而性无不在者，于此尤可见其全矣。子思子曰："君子语大，天下莫能载焉；是言其大无外。语小，天下莫能破焉。是言其小无内。"此之谓也。

惟人也，得其秀而最灵。

虽曰人物之生，莫不有太极之道焉，然阴阳、五行气质交运，而人之所禀独得其秀，故其心为最灵，而有以不失其性之全，所谓天地之心而人之极也。

形既生矣，

然人之形质既生于阴静，

神发知矣，

则人之精神必发于阳动。

五性感动而善恶分，

于是五常之性感物而动，而阳善、阴恶又以类分。

万事出矣。

而五性之散殊为万事，盖二气、五行化生万物，其在众人，虽曰具动静之理，而常失之于动者又如此。自非圣人全体太极有以定之，则欲动情胜、利害相攻，人极不立，而违禽兽不远矣。

圣人定之以中正仁义，而主静，立人极焉。

此言圣人全动静之德，而常本之于静也。盖人禀阴阳、五行之秀气以生，而圣人之生又得其秀之秀者，是以其行之也中、其处之也正、其发之也仁、其裁之也义。盖一动一静，莫不有以全夫太极之道而无所亏焉，则所谓欲动情胜、利害相攻者，于此乎定矣。然静者，诚之复而性之贞，苟非此心寂然无欲而静，则又何以酬酢事物之变，而一天下之动哉？故圣人中正仁义，动静周流，而其动也必主乎静，是主正义，以行中仁。而立人极焉。

故圣人与天地合其德，

此圣人所以成位乎天地之中。以言其德，
则合乎天地之德焉。

日月合其明，

以言其明，则合乎日月之明焉。

四时合其序，

以言其序，则合乎四时之序焉。

鬼神合其吉凶。

以言其吉凶，则合乎鬼神之吉凶焉。是圣
人所为，一于理，而天地、日月、四时、鬼
神，有所不能违也。盖必体立而后用有以行，
若程子论乾坤动静，而曰："不专一，则不能
直遂；不翕聚，则不能发散。"亦此意尔。圣
人，太极之全体，一动一静，无适而非中正仁
义之极，盖不假修为而自然也。

君子修之吉，

> 未至中正仁义之极而修之，则君子之所以吉也。

小人悖之凶。

> 不知中正仁义之极而悖之，则小人之所以凶也。"修之""悖之"，亦在乎敬肆之间而已矣。敬则欲寡而理明，寡之又寡，以至于无，则静虚动直，而圣可学矣。

故曰：

> 系《易》圣人有言。

"立天之道，曰阴与阳；

> 阴阳成象，天道之所以立也。

立地之道，曰柔与刚；

> 刚柔成质，地道之所以立也。

立人之道，曰仁与义。"

> 仁义成德，人道之所以立也。夫道，一而

已，随事著见，故有三才之别。而于其中，又各有体用之分焉，以天道言，则阴体而阳用；以地道言，则柔体而刚用；以人道言，则义体而仁用。其实则一太极也。

又曰：

系《易》圣人又①言。

"原始反终，故知死生之说。"

阳也，立天之道的阳。刚也，立地之道的刚。仁也，立人之道的仁。物之始也；是阳动，万物之所资以为始也。阴也，立天之道的阴。柔也，立地之道的柔。义也，立人之道的义。物之终也。是阴静，万物之所资以为终也。人而于此，能原始而知所以生，则反终而知所以死矣。此天地之间，纲纪造化，流行古今，不言之妙。圣人作《易》，伏羲画卦，文王系辞，周公明爻，孔子作传。其大意盖不出此，故周子引之以证其说。

---

① "又"，原作"有"，据四库全书本改。

大哉《易》也，斯其至矣！

"大哉"，叹美之辞。"易"，《易》书也。"斯"，此《图》也。周子《图说》之末，叹美《易》之为书，广大悉备，然语其至极，则此《图》尽之，其旨岂不深哉？抑尝闻之，程子昆弟之学于周子也，周子手是《图》以授之。程子之言性与天道，多出于此，然卒未尝明以此《图》示人，是则必有微意焉，所谓微意，盖欲待中人以上可以语上者语之。然学者亦不可以不知也。

诗①

端因《太极图说》中有气化、形化、死生之说，乃述其意而作诗以自喻：

气 化

太一分兮作两仪，阴阳变合化工施；

---

① 标题《诗》，据《太极图说述解序》添加。

生人生物都无种，此是乾坤气化时。

形 化

乾坤气化已成形，男女雌雄牝牡名；
自是生生有形化，其中气化自流行。

死 生

阴阳二气聚时生，到底阴阳散时死；
生死阴阳聚散为，古今造化只如此。

轮 回

空家不解死生由，妄说轮回乱大猷；
不有天民先觉者，孰开我后继前修？

赞太极图并说

濂溪夫子，卓乎先觉。上承洙泗，下开河洛。
建图立说，理明辞约。示我广居，抽关启钥。有纲
有条，有本有末。敛归一心，放弥六合。月白风

清，鸢飞鱼跃。舜禹得之，崇高卑若。孔颜得之，困极而乐。舍此而为，异端俗学。造端之初，胡不思度？毫①厘之差，千里之错。

辨戾

先贤之解《太极图说》，固将以发明周子之微奥，用释后生之疑惑矣。然而，有人各一说者焉，有一人之说而自相龃龉者焉，且周子谓"太极动而生阳，静而生阴"，则阴阳之生由乎太极之动静。而朱子之解极明备矣，其曰："有太极，则一动一静而两仪分；有阴阳，则一变一合而五行具。"尤②不异焉。及观《语录》，却谓"太极不自会动静，乘阴阳之动静而动静耳"，遂谓"理之乘气，犹人之乘马，马之一出一入，而人亦与之一出一入"，以喻气之一动一静，而理亦与之一动一静。

---

① "毫"，原作"豪"，据四库全书本改。
② "尤"，原作"亦"，据四库全书本改。

若然，则人为死人，而不足以为万物之灵；理为死理，而不足以为万化之原，理何足尚而人何足贵哉？今使活人乘马，则其出入、行止、疾徐，一由乎人驭之何如耳。活理亦然。不之察者，信此则疑彼矣①，信彼则疑此矣，经年累岁，无所折衷，故为辨庋，以告夫同志君子云。

---

① "信此则疑彼矣"六字，原缺，据四库全书本补。

附：朱子辩及注后记①

辩

愚既为此说，读者病其分裂已甚，辩诘纷然，苦于酬应之不给也，故总而论之。大抵难者，或谓不当以继善成性分阴阳，或谓不当以太极阴阳分道器，或谓不当以仁义中正分体用，或谓不当言一物

---

① 朱子之于周子《太极图》及《说》，用心颇深，并撰有解，其言精密浑然，其义周全兼备，发明濂溪微奥，无所遗憾，诚乃后学所不可不读者也。月川秉其旨意，分布其解，复又加以发挥而撰述解。然朱子于《太极图说》解后，曾写有辩文及注后记各一篇，其中所言，颇为有益于后学体味《太极图说》之要旨，故据商务印书馆《丛书集成初编·周濂溪集》抄录附之。

各具一太极。又有谓体用一源，不可言体立而后用
行者；又有谓仁为统体，不可偏指为阳动者；又有
谓仁义中正之分，不当反其类者。是数者之说，亦
皆有理。然惜其于圣贤之意，皆得其一而遗其二
也。夫道体之全，浑然一致，而精粗、本末、内
外、宾主之分，粲然于其中，有不可以毫厘差者。
此圣贤之言，所以或离或合，或异或同，而乃所以
为道体之全也。今徒知所谓浑然者之为大而乐言
之，而不知夫所谓粲然者之未始相离也。是以信同
疑异，喜合恶离，其论每陷于一偏，卒为无星之
称、无寸之尺而已。岂不误哉！

夫善之与性，不可谓有二物，明矣！然继之者
善，自其阴阳变化而言也；成之者性，自夫人物禀
受而言也。阴阳变化，流行而未始有穷，阳之动
也；人物禀受，一定而不可易，阴之静也。以此辨
之，则亦安得无二者之分哉！然性善，形而上者
也；阴阳，形而下者。周子之意，亦岂直指善为
阳而性为阴哉？但语其分，则以为当属之此耳。

阴阳、太极，不可谓有二理，必矣！然太极无
象，而阴阳有气，则亦安得而无上下之殊哉！此其
所以为道器之别也。故程子曰："形而上为道，形

而下为器，须着如此说。然器亦道也，道亦器也。"
得此意而推之，则庶乎其不偏矣。

仁义中正，同乎一理者也。而析为体用，诚若
有未安者。然仁者，善之长也；中者，嘉之会也；
义者，利之宜也；正者，贞之体也。而元、亨者，
诚之通也；利、贞者，诚之复也。是则安得谓无体
用之分哉！

万物之生，同一太极者也。而谓其各具，则亦
有可疑者。然一物之中，天理完具，不相假借，不
相陵夺，此统之所以有宗，会之所以有元也。是则
安得不曰各具一太极哉！

若夫所谓体用一源者，程子之言盖已密矣。其
曰"体用一源"者，以至微之理言之，则冲漠无
朕，而万象昭然已具也；其曰"显微无间"者，以
至著之象言之，则即事即物，而此理无乎不在也。
言理则先体而后用，盖举体而用之理已具，是所以
为一源也；言事则先显而后微，盖即事而理之体可
见，是所以为无间也。然则所谓一源者，是岂漫无
精粗、先后之可言哉？况既曰体立而后用行，则亦
不嫌于先有此而后有彼矣。

所谓仁为统体者，则程子所谓专言之而包四者

是也，然其言盖曰四德之元，犹五常之仁，偏言则一事，专言则包四者，则是仁之所以包夫四者，固未尝离夫偏言之一事，亦未有不识夫偏言之一事，而可以骤语夫专言之统体者也！况此《图》以仁配义，而复以中正参焉。又与阴阳、刚柔为类，则亦不得为专言之矣，安得遽以夫统体者言之，而昧夫阴阳、动静之别哉！至于中之为用，则以无过不及者言之，而非指所谓未发之中也。仁不为体，则亦以偏言一事者言之，而非指所谓专言之仁也。对此而言，则正者所以为中之干，而义者所以为仁之质，又可知矣。其为体用，亦岂为无说哉？

大抵周子之为是书，语意峻洁而混成，条理精密而疏畅，读者诚能虚心一意，反复潜玩，而毋以先人之说乱焉，则庶几其有得乎周子之心，而无疑于纷纷之说矣。

注后记

熹既为此说，尝录以寄广汉张敬夫，敬夫以书来曰："二先生所与门人讲论问答之言，见于书者，详矣。其于《西铭》，盖屡言之，至此《图》，则未尝一言及也，谓其必有微意，是则固然。然所谓微意者，果何谓耶?"熹窃谓以为此《图》立象尽意，剖析幽微，周子盖不得已而作也。观其手授之意，盖以为惟程子为能当之。至程子而不言，则疑其未有能受之者尔。夫既未能默识于言意之表，则驰心空妙，入耳出口，其弊必有不胜言者，近年已觉颇有此弊矣。观其答张闳中论《易传》成书，深患无受之者，及《东见录》中论横渠清虚一大之说，使人向别处走，不若且只道敬，则其意亦可见矣。若《西铭》则推人以之天，即近以明远，于学者日用最为亲切，非若此书详于性命之原，而略于进为之目，有不可以骤而语者也。孔子雅言《诗》、《书》、执礼，而于《易》则鲜及焉，其意亦犹此耳。韩子曰："尧、舜之利民也大，禹之虑民也深。"熹于周子、程子亦云。既以复于敬夫，因记其说于此。

乾道癸巳四月既望，熹谨书。

通书述解

通书述解序

儒之统，何昉乎？尧、舜、汤、文，儒而在上者也；孔、颜、思、孟，儒而在下者也。治统、道统，原不容分而为二。自分而二之，而君道、师道遂成两局，始专以儒统归孔子，颜、曾、思、孟尚矣，周、程、张、朱继之，独此九人者，为传道之人，其余学术醇粹。有宋而后，诸儒辈出，续有训述，微分正闰，虽深造各有自得，而世代未远，群言未定，天地生民之命，何敢以一人轻进退焉！余不敏，幼而读书，得良友切劘，颇知究心儒业，自董江都以至鹿江村，得五十余人，汇成帙，标曰《理学宗传》。复虑其遗也，又得胡安定、崔后渠共二十余人，为《宗传考》，以俟后之君子品骘而次第之。近得靖修先生《太极图 通书 西铭述解》，洞彻微密，直窥道之本原，岂寻常学人敢望？至《夜行烛》《家规》《语录》《录粹》《年谱》诸种，皆修身明伦、保家正俗之要，其进修之醇，不于其言而于其行，可谓体备用达之学，固应序列于《宗传录》中。按，先生尝司教山右之霍、蒲，四方从游者几千人。贤者服其德，不肖者服其化，陈建《通纪》曰："本朝武功首刘诚意，理学肇曹靖修、薛子文清。"极称靖修得元公之学，笃信好古，距邪闲正。今文清配享孔庙，炳如日星，先生之言行竟散佚无传，余甚惜之。然皎月在天，片云难翳；明珠在水，海若难私。余固知先生之文必出也。丁酉秋，渑令天弓张君以有事秋闱视予夏峰，予正辑《中州人物考》，以先生居理学之首。天弓曰："邑无贤豪，地方之羞也；有之而不彰，守土者之责也。"明年，搜其遗文八种，刻成，问序于予，且述与大参云程崔公兴学重儒之意，此固先生之灵爽有以启之，河洛之间，斯文丕变，此集之出，其有赖乎！

　　容城后学孙奇逢撰。

笺通书述解

《通书述解》四十章，直与《太极图说》相表里，解其未易解，述其未殚述。非元公，谁能发太极之蕴？非靖修，谁能发元公之蕴乎？至论孔、颜之乐，元公令两程寻所乐何事，毕竟无人说破，靖修独谓："孔、颜之乐者，仁也，非是乐这仁，仁中自有其乐耳。且孔子安仁而乐在其中，颜子不违仁而不改其乐。安仁者，天然自有之仁；而乐在其中者，天然自有之乐也。不违仁者，守之之仁；而不改其乐者，守之之乐也。"斯言至矣！尽矣！盖极至之理，惟一仁，仁者不忧，不忧自乐，宁直孔、颜！羲皇、尧、舜、禹、汤、文、武，总不外是。四十章《述解》，

无非发明《太极》一图，而仁字已括《图》之
义矣。

　　容城后学孙奇逢敬识。

通书述解卷上

诚上第一

此明太极为实理，而有体用之分也。

诚者，圣人之本。

"诚"者，至实而无妄之谓，天所赋、物所受之正理也。人皆有之，然气禀拘之，物欲蔽之，习俗诱之，而不能全此者众。圣人之所以为圣人者，无他焉，以其独能全此而已。"本"，谓本领之本，不待作为而然耳。此书与《太极》相表里，"诚"，即所谓"太极"也。

"大哉乾元,万物资始",

　　此二句,引《易》以明之。"大哉",赞之辞也。"乾"者,纯阳之卦,其义为健,乃天德之别名也。"元",始也。"资",取也。言乾道之元,万物所取以为始者。

诚之源也。

　　是乃实理流出以赋于人之本,如水之有源,即《图》之"阳动而太极之用所以行也"。

"乾道变化,各正性命",

　　此二句,亦《易》文。"变"者,化之渐;"化"者,变之成。天所赋为"命",物所受为"性"。言"乾道变化",而万物各得受其所赋之正理,如云"五行之生,各一其性"。

诚斯立焉,

　　则实理于是乎立,而各为一物之主矣。如鸢之飞、鱼之跃、火之上、水之下,皆一定而不可易,即《图》之"阴静而太极之体所以立"者也。

纯粹至善者也。

"纯"，不杂也；"粹"，无疵也。此言天之所赋、物之所受，皆实理之本然，无不善之杂也。

故曰：

复引《易》文以证之。

"一阴一阳之谓道，

"阴""阳"，气也，形而下者也。所以"一阴一阳"者，理也，形而上者也。"道"，即理之谓也。此句还证"诚之源""诚斯立焉"一节。

继之者，善也；

"继之者"，气之方出而未有所成之谓也；"善"则理之方行而未有所立之名也，阳之属也，诚之源也。此句又证"诚之源"一节。

成之者，性也。"

"成"则物之已成者也，如在天成象、在地成形。"性"则理之已立者也，阴之属也，诚之立也。此句又证"诚斯立焉"一节。然而，"继""成"字与"阴""阳"字相应，指气而言；"善""性"字与"道"字相应，指理而言。此夫子所谓"善"，是就一物未生之前造化原头处说，"善"乃重字，为实物。若孟子所谓"性善"，则就"成之者，性"说，是生以后事，"善"乃轻字，此性之纯粹至善耳。其实由造化原头处有是"继之者，善"，然后"成之者，性"时，方能如此之"善"。孟子之所谓"性善"，实渊源于夫子之所谓"善"，而非有二本也。其下"复"即乾之四德，以明继善成性之说。

元、亨，诚之通；

"元"，始。"亨"，通。而"通"云者，实理方出而赋于物，善之继也。

利、贞，诚之复。

"利"，遂。"贞"，正。而"复"云者，万物各得而藏于己，性之成也。此于《图》已为五行之性矣。何也？盖四德则阴阳各二，而诚无不贯，安得不谓五行之性乎？

大哉《易》也，性命之源乎！

"易"者，交错代换之名。凡天地间之阴阳交错而实理流行，一赋一受于其中，乃天地自然之易，而为性命所出之源也。作《易》圣人得之于仰观、俯察之间，则卦爻之立由是而已。故羲《易》以交易为体，而往此来彼焉；以变易为用，而时静时动焉。及周文王彖卦，周公明爻，而命曰《周易》。复得孔子作《传》而发挥之，则性命之微彰矣。周子之书本之，其旨深哉！

诚下第二

此言太极之在人者，所谓"思诚者，人之道也"。

圣，诚而已矣。

圣人之所以圣，不过全此实理而已，即所

谓太极也。圣人时静，而太极之体立；时动，而太极之用行。则圣人，一太极焉。

诚，五常之本、百行之源也。

"五常"，仁、义、礼、智、信，五行之性也。"百行"，孝、弟、忠、顺之属，万物之象也。实理全，则五常不亏，而百行修矣。是则五常、百行之本源，一诚而已。

静无而动有，

方静而阴，诚固未尝无也，以其未形而谓之无也。及其动而阳，诚非至此而后有也，以其可见而谓之有耳。

至正而明达也。

"静无"，则至正而已；"动有"，然后明与达者可见也。朱子又曰："某近看《中庸》鬼神一章，正是发明显微无间只是一理处，且如鬼神，有甚形迹？然人却自然有畏敬之心，以承祭祀，便如真有一物在上左右。此理亦有甚形迹？然人却自然有秉彝之性，才存主着，这里便自见得许多道理。参前倚衡，虽欲顷刻离而遁之，而不可得，只为至诚贯彻，实有是理，无端无方，无二无杂，方其未感，寂然不动，及其既感，无所不通。濂溪翁所谓'静无而动有，至正而明达'者，于此亦可以见之。"

五常、百行，非诚，非也，

"非"，盖无之意。"非诚"，则五常、百行皆无其实，所谓不诚无物者也。

邪暗塞也。

诚苟不存，则静而不正，故"邪"；动而不明、不达，故"暗"且"塞"也。是故学圣、希贤，惟在存诚，则五常、百行皆自然无一不备也。

故诚则无事矣。

"事"，与"请事斯语"之"事"同，谓用功也。言诚则众理自然无一不备，不待思、勉而从容中道矣。

至易而行难，

> 实理自然，故"易"；人伪夺之，故"难"。

果而确，无难焉。

> "果"者，阳之决；"确"者，阴之守。决之勇、守之固，则人伪不能夺之矣。此是一事而首尾相应，果而不确，即无所守；确而不果，则无所决。二者不可偏废，犹阴阳不可相无也。朱子又因论良心与私欲交战，须立定根脚战退他，因举濂溪，说："'果而确，无难焉'，须是果敢胜得私欲，方确然守得这道理不迁变。"

故曰：

> 故孔子答颜子问"为仁"之语有曰。

"一日克己复礼，天下归仁焉。"

> "克"，胜也。"己"，身之私欲也。"复"，反也。"礼"者，天理之节文也。"归"，犹与也。且克去己私，复由天理，天下之至难也。然其机可一日而决，其效至于天下归仁。果确

之，无难如此。

孟子曰："诚者，天之道也；思诚者，人之道也。"固本于孔子所谓"诚者，天之道；诚之者，人之道"。而周子此书上章即孔孟上句之意，而下章则下句之意也。谓周子上接孔孟之传，良有以夫。

诚、几、德第三

此明太极、二五之在人，而有体用之分，与夫人品之不同也。

诚，无为。

诚则实理自然，何为之有？即太极也。

几，善恶。

"几"者，动之微，善恶之所由分也。盖动于人心之微，则天理固当发见，而人欲亦已萌乎其间矣，此阴阳之象也。

或问朱子"诚，无为；几，善恶"，曰：

"此明人心未发之体，而指其已发之端，盖欲学者致察于萌动之微，知所决择而去取之，以不失乎本心之体而已。或疑以为有类于胡子'同体异用'之云，遂妄以意揣量，为图如后：

|此明周子之意|此证胡氏之失|

善恶虽相对，当分宾主；天理、人欲虽分派，必省宗孽。自诚之动而之善，则如木之自本而干，自干而末，上下相达，则道心之发见，天理之流行，此心之本主，而诚之正宗也。其或旁荣侧秀，若寄生疣赘者，此虽亦诚之动，而人心之发见，私欲之流行，所谓恶也。非心之固有，盖客寓也；非诚之正宗，盖庶孽也。苟辨之不早，择之不精，则客或乘主、孽或代宗矣。学者能于萌动几微之间，而察其所发之向背，凡直出者为天理，旁出者为人欲；直出者为善，旁出者为恶；直出者固有，旁出者横生；直出者有本，旁出者无源；直出者顺，旁

出者逆；直出者正，旁出者邪。而吾于直出者利导之，旁出者遏绝之，功力既至，则此心之发，自然出于一途而保有天命矣。于此可以见未发之前有善无恶。而程子所谓'不是性中原有此两物相对而生'，又云'凡言善恶，皆先善而后恶'，盖谓此也。若以善恶为东西相对，彼此角立，则天理、人欲同出一源，未发之前，已具此两端，所谓天命之性亦甚污杂矣，此胡氏'同体异用'之意也。"曰："此说得之。"

德：爱曰仁，宜曰义，理曰礼，通曰智，守曰信。

道之得于心者，谓之德，德则有体焉、有用焉。何谓体？仁、义、礼、智、信是也；何谓用？爱、宜、理、通、守是也。惟其别有是五者之用，而因以名其体焉，即五行之性也。且"几，善恶"，便是心之所发处有个善、有个恶了，德便只是善底，为圣为贤，只是这材料做。

性焉，安焉之谓圣；

"性"者，独得于天。"安"者，本全于己。

"圣"者，大而化之之称。此不待学问、勉强，而诚无不立、几无不明、德无不备者也。

复焉，执焉之谓贤；

"复"者，反而至之。"执"者，保而持之。"贤"者，才德过人之称。此思诚、研几以成其德，而有以守之者也。

发微不可见，充周不可穷之谓神。

发之微妙而不可见，充之周遍而不可穷，则圣人之妙用而不可知者也，非圣人之上复有所谓神人也。

此三句，就人所到地位而言，即尽夫上三句之理而所到有浅深也。"性焉，安焉之谓圣"，就圣人性分上说。"发微不可见，充周不可穷之谓神"，是他人见其不可测耳。

勉斋黄氏曰："诚、几、德一段，文理粲然，只把'体用'两个字来讲，他便见诚是体，几是用；仁、义、礼、智、信是体，爱、宜、理、通、守是用。诚、几只是德擘来做，在诚为仁，则在几为爱；在诚为义，则在几为宜。'性焉''复焉''发微不可见'是体；'安焉''执焉''充周不可穷'是用。'性'，如'尧、舜，性之也'；'复'，如'汤、武反之也'，是既失了却再复得。'安'而行之，不恁地辛苦。'执'则是'择善而固执'，须恁地把捉。'发'是源头底，'充'是流出底，其发也微而不可见，其充也周而不可穷，是谓神，指圣而不可知者也。"

圣蕴第四

此承上章而言圣人之所以圣者，诚、神、几也。

寂然不动者，诚也；

本然而未发者，实理之体，即太极之静而阴也。

感而遂通者，神也；

善应而不测者，实理之用，即太极之动而

阳也。

动而未形有无之间者，几也。

　　动静、体用之间，介然有顷之际，则实理
发见之端，而众事吉凶之兆也。且《太极图》
中只说"动而生阳，静而生阴"，此又说个
"几"，此是动静之间又有此一项，似有而未有
之时，在人识之耳。

诚精故明；

　　诚则清明在躬，志气如神，精而明也。

神应故妙，

　　神则不疾而速，不行而至，应而妙也。

几微故幽。

　　几则理虽已萌，而事则未著，微而幽也。

诚、神、几，曰圣人。

　　惟性焉、安焉之谓圣人者，则精明、应妙
而有以洞其幽微矣。

节斋蔡氏曰："诚者，寂也，静也，而具动静之理。神，感也，动也，而妙动静之用。盖诚为神本，神为诚用，本不动而用动，故诚则静意多，神则动意多，要其实，则各兼动静、阴阳也。几，诚发而为神之始也，在静无而动有之间，虽动而微，亦未可见，实为神之端也。"

慎动第五

此明几之意，而见动之邪正为身之吉凶，则不容于不谨也。

动而正，曰道；

动之所以正，以其合乎众所共由之道也。

用而和，曰德；

用之所以和，以其得道于身，而无所待于外也。

匪仁、匪义、匪礼、匪智、匪信，悉邪也。

所谓道者，仁、义、礼、智、信之五常而已，非此则其动也邪矣。

邪动，辱也。

不正而动，如同流合污，则身之辱也。

甚焉，害也。

又甚焉，小则殒身灭性，大则覆宗绝祀，以其动之无得于道，则其用不和而效若是焉。

故君子慎动。

故君子必谨其所动，动必以正，则和在其中矣。

节斋蔡氏曰："道即太极流行之道，德即五性之德。动而正，即前所谓几也；用而和，即后所谓中节也。"

道第六

此明圣人之道，而见动之慎、几之明也。

圣人之道，仁义中正而已矣。

"圣人"，即伏羲、神农、黄帝、尧、舜、禹、汤、文、武、周公、孔子也。"道"则得于天而全于己，而同于人者也。"中"即礼，"正"即智，仁、义、礼、智之道，乃其性分之所固有，日用之所常行，固非浅陋、固执之可伦，亦非虚无、寂灭之可拟。"而已矣"者，无他之辞也。

守之贵，

守仁、义、礼、智，则天德在我，何贵如之？

行之利，

行仁、义、礼、智，则顺理而行，何往不利？

廓之配天地。

"廓"，充也。"配"，合也。人而充其仁、义、礼、智之道，则与天地合其德，非有待于外也，故曰充其本然并立之全体而已矣。

岂不易简?

道体本然，故易简。"易"者，不杂之谓；"简"者，不烦之谓。

岂为难知?

人所固有，故易知。

不守、不行、不廓耳。

但世之人不肯行此道，不肯充此道耳。言为之则是，而叹学者自失其几也。

师第七

此明师道为天下善也。

或问曰："曷为天下善?"

或人问于周子曰："曷者可以善天下之人心,善天下之治道乎?"

曰:"师。"

周子答曰："惟师道可以为天下善。"

曰:"何谓也?"

或人又问:"如何说?"

曰:"性者,刚、柔、善、恶、中而已矣。"

此所谓性,以气禀而言也。太极之数,自一而二,刚柔也;自一而四,刚善、刚恶、柔善、柔恶也。遂加其一中也,以为五行。濂溪说性,只是此五者。他又自有说仁、义、礼、智底性时。若论气禀之性,则不出五者,然气禀底性,只是那四端底性,非别有一种性也,所谓刚柔善恶之中者。天下之性，固不出此五者，然细推之，极多般样，千般百种，不可穷究，但不离此五者尔。

性只是理，然无那天气、地质，则此理没安顿处，但得气之清明，则不蔽固，此理顺发出来。蔽固少者发出来，天理胜；蔽固多者，则私欲胜。便见得本原之性无有不善，只被气质昏浊则隔了，学以反之，则天地之性存矣。故说性须兼气质方备。

此性便是言气质之性，四者之中去却刚恶、柔恶，却于刚、柔二善之中择其中而主焉。

不达。

或人不达其旨。

曰：

周子复与之言刚、柔、善、恶之意。

"刚善，为义，为直，为断，为严毅，为干固；

阳刚之善，有此五者。

恶，为猛，为隘，为强梁。柔善，为慈，为顺，为巽；

> 阴柔之善，有此三者。

恶，为懦弱，为无断，为邪佞。

> 盖刚柔固阴阳之大分，而其中又各有阴阳以为善恶之分焉；恶者，固为非正，而善者亦未必皆得乎中也。

惟中也者，和也，

> 周子五性之中，只个"中"最好底性，故以和为中。

中节也，

> 以其所发皆中乎节也。

天下之达道也，

> 这便是天下众人所共由之道也。

圣人之事也。

> 这便是伏羲以来，列圣所共行之事，此以

得性之正而言也。圣人之事，岂出性分之外哉？然其以和为中，与《中庸》不合，盖就已发无过不及者言之耳，如《书》所谓"允执厥中"者也。

北溪陈氏曰："中有二义，有已发之中，有未发之中。未发是就性上说，已发是就事上说。已发之中，当喜而喜，当怒而怒，那恰好处，无过不及，便是中。此中，即所谓和也。所以，周子亦曰'中也者，和也'，是指已发之中而言。"

故圣人立教，

故聪明睿智、能尽其性之圣人出为亿兆之君师，而修道立教焉。

俾人自易其恶，

而使天下之人各自变易其恶，则刚柔皆善，有严毅、慈顺之德，而无强梁、懦弱之病矣。

自至其中而止矣。

"自至其中"，则其或为严毅，或为慈顺

也。又皆中节，而无太过、不及之偏矣。

张子云："为学大益，在自求变化气质。"程子曰："学至气质变，方是有功。"皆此意也。

故先觉觉后觉，暗者求于明，而师道立矣。

故心上先觉悟之人而又觉悟那后觉悟之人，心上昏暗之人而又求那心上通明之人。一以传道为心，一以求道为心，则师道立焉。师者，所以攻人之恶，正人之不正而止矣。

师道立，则善人多；

师道既立，则善人自多。

善人多，则朝廷正而天下治矣。"

善人既多，则朝廷之上，人皆正人，事皆正事，而普天之下一归于治而已，此师道所以为天下善也。

此章所言刚柔，即《易》之两仪；各加善恶，即《易》之四象；《易》又加倍，以为八卦，而此书及《图》则止于四象，以为水、火、金、木，而即其中以为土，盖道体则一，而人之所见详略不同，但于本体不差，则并行而不悖矣。

幸第八

此明人以闻过为幸，而有耻又为幸之大者也。

人之生，不幸，不闻过；

"不闻过"，人不告也。且人受天地之中以生，无有不善，故皆可以为尧、舜，而参天地以赞化育焉，则孰不可立于无过之地乎？然而不能无过者，或气禀之偏，或私欲之诱，或习俗之染，得人告之而闻焉，则将变化消释以复其初，幸何如哉！不然，则过不改，行同飞走，不足为万物之灵矣，非不幸而何？

大不幸，无耻。

"无耻"，我不仁也。且仁者，天地生物之

心，而人所受以生者，所以为一心之全德、万善之总名，而为参天地、赞化育之本体焉。人而不仁，则生理息矣，人道灭矣。而不以为耻，则尤不足为万物之灵也，非大不幸而何？

必有耻，则可教；

"有耻"，则能愤发而受教。

闻过，则可贤。

"闻过"，则知所改而为贤。然不可教，则虽闻过而未必能改矣，以此见无耻之不幸为尤大矣。

思第九

此言圣学之事，而见其主于心也。

《洪范》曰：

"洪范"，《周书》篇名，而有言曰。

"思曰睿，

　　　　"思"，心之官也。"睿"，通也。人而能思
　　则通矣。

睿作圣。"

　　　　睿而进焉，则自然无不通，而为圣人也。

无思，本也。

　　　　"无思"，诚也。诚者，圣人之本。

思通，用也。

　　　　"思通"，神也。神者，圣人之用。

几动于彼，

　　　　事之几，感于外者不一。

诚动于此，

　　　　心之诚，应于中者惟一。

无思而无不通，为圣人。

　　　　不待有所思而无所不通，是圣人，所谓

"诚、神、几，曰圣人"也。

不思，则不能通微；

　　"通微"，睿也。不思索，则不能通乎
　　几微。

不睿，则不能无不通。

　　"无不通"，圣也。不通微，则不能造乎
　　圣人。

是则无不通生于通微，

　　谓圣生于睿。

通微生于思。

　　睿生于思也。

故思者，圣功之本，而吉凶之几也。

　　思之至，可以作圣而无不通；其次亦可以
　　见几通微，而不陷于凶咎。几是事之端绪，有
　　端绪，方有讨头处，这方是用得思。

《易》曰："君子见几而作，不俟终日。"

　　"几"者，吉凶之先见者也。"作"，犹行也，谓避祸也。不待终日，去之速也。言明哲之君子，见几明而避祸速也，即可以速则速之时耳。周子引此以证睿也。

又曰："知几，其神乎！"

　　"知几"，比之见几，则又神妙不测，非他人所可知耳，引之以证圣也。

志、学第十

　　此言所志、所学之正，而见圣贤之心也。

圣希天，

　　"希"，望也，字本作睎，大而化之之谓。圣人不敢自以为足，而望同于天，则法天而行。《书》曰："明王奉若天道，无非法天者，大事大法天，小事小法天。"则圣人一动一静，即太极之动静焉。

贤希圣，

> 才德出众之贤人，不敢自以为胜，而望同
> 于圣人，则又法圣人而行焉。孟子曰："乃所
> 愿，则学孔子。"又曰："法先王而过者，未之
> 有也。"

士希贤。

> "士"，学者之称也。学者见贤而思齐焉。

伊尹、颜渊，大贤也，

> "伊尹"，汤之学焉而后臣之者也。"颜
> 渊"，孔子弟子也。二人，学之大者也。

伊尹耻其君不为尧、舜，

> "尧"，唐帝名。"舜"，虞帝名。二帝，乃
> 五帝之盛帝、百圣之至圣，为人伦之至，为君
> 道之极焉，故伊尹欲其君为尧、舜，而不得则
> 其心愧耻。

一夫不得其所，若挞于市。

> "挞于市"，耻之甚也。且尧、舜君民，一

民饥，曰我饥之；一民寒，曰我寒之；一民失所，曰时予之辜。伊尹以一夫不得其所而愧耻之甚者，以己不能左右厥辟宅师，其心亦尧、舜之心也。

颜渊不迁怒，

"迁"，移也。怒于甲者，不移于乙。

不贰过，

"贰"，复也。过于前者，不复于后。颜子克己之功，至于如此。

三月不违仁。

则无私欲而有其德也。二人所为，皆贤人之事也。

志伊尹之所志，

伊尹之志，致君泽民，是公天下之心。士希贤，而志伊尹之所志，则亦不志于私矣。

学颜子之所学，

> 颜子之学，克己复礼，传圣人之道。士希贤，而学颜子之所学，则又岂自小之学哉！

过则圣，

> 志、学伊、颜而过之，则为圣人。

及则贤，

> 志、学伊、颜而及之，则为贤人。

不及则亦不失于令名。

> 志此志，学此学，虽不到伊、颜地位，则亦不失于善名。三者，随其用力之浅深，以为所至之近远。"不失令名"，以其有为善之实也。

> 胡氏曰："周子患人以发策决科、荣身肥家、希世取宠为事也，故曰'志伊尹之所志'；患人以广闻见、工文词、矜智能、慕空寂为事也，故曰'学颜子之所学'。人能志此志而学此学，则知此书之包括至大而无穷矣。"

> 或问："伊尹之志、颜子之学固如此矣，

而却不知伊尹之学、颜子之志如何?"端曰:
"伊尹之志,固是在于行道,然道非学无以明,
不明何以行耶? 大抵古人之学,本欲行道。伊
尹耕于有莘之野,而乐尧、舜之道,凡所以治
国、平天下者,无不理会,但方处畎亩之时,
不敢言必于大用耳,及三聘幡然,便一向如此
做去。其自言曰:'予,天民之先觉也,予将
以斯道觉斯民也。'此便是尧、舜事业。看二
《典》之书,尧、舜所以卷舒作用直如此熟,
若虽志于行道,而自家所学原未有本领,如何
便能举而措之天下乎? 若夫颜子之学,固欲明
道,然而又未尝不欲其道之行也。观其问为
邦,而夫子告以四代之礼乐,及放郑声、远佞
人。其言志,一则曰'愿无伐善,无施劳',
二则曰'愿得明王圣主辅相之,敷其五教,导
之以礼乐,使民室家无离旷之思,千载无战斗
之患,而勇辨者无所施用焉'。然则颜子之志,
又岂非尧、舜君民而公天下之心哉?"

顺化第十一

此明天地、圣人，同一道而已也。

天以阳生万物，

> 天以阳气生万物，观春夏之生长可见矣。

以阴成万物。

> 天以阴气成万物，观秋冬之收成可见矣。

生，仁也。

> 天之生物之道，便是仁。

成，义也。

> 天之成物之道，便是义。盖阴阳无二气，仁义无二道，道气无二机，只是一个消长而已耳。

故圣人在上，

> 故圣人在君师之位，而参天地以赞化育。

以仁育万物,

　　则以所得天地生物之心而曰仁者,养万物而使之无不遂其生。

以义正万民。

　　以所得天地成物之心而曰义者,正万民而使之无不得其正,所谓定之以仁义。

天道行而万物顺,

　　天道之仁义行而万物顺者,荣悴开落之不违时也。

圣德修而万民化,

　　圣德之仁义修而万民化者,语默行止之各得其正也。

大顺大化,不见其迹,

　　天地之大顺,圣人之大化,不待征于色、发于声,故不见其迹。

莫知其然，之谓神。

> 人莫知其所以然之妙，故谓之神焉。此言
> 天地、圣人，其道一也。

故天下之众，本在一人。

> 天下之本，在君，而君正莫不正也。

道岂远乎哉?

> 君之道，在心，则至近也。

术岂多乎哉?

> 心之术，在仁义，则至简也。

治第十二

> 此明治道之要，在乎君心之一而已也。

十室之邑，人人提耳而教且不及，

> "十室"，小邑也。十室之小邑，人至少，
> 而宰之者欲逐个人提耳而教诲之，尚且不能及。

况天下之广、兆民之众哉?

何况君天下之至多者，可逐个人亲自教诲之，而使同归于善哉?

曰：纯其心而已矣。

"纯"者，不杂之谓。"心"，谓人君之心。言君天下而欲兆民一于善，只在纯一人之心而止矣。

仁、义、礼、智四者，动静、言貌、视听无违，之谓纯。

"仁、义、礼、智"，五行之德也。"动静"，阴阳之用。而"言貌""视听"，五行之事也。德不言信、事不言思者，欲其不违，则固以思为主，而必求是四者之实矣。

心纯，则贤才辅，

君心纯一，则贤而有德才而有能者自辅相之。何也？盖君取人以身，臣道合而从也。

贤才辅，则天下治。

　　众贤各任其职，则不待人人提耳而教，而自无不归于善，天下之治平，为何如哉？

纯心要矣，

　　心不纯，则不能用贤，故君以纯心为要道。

用贤急焉。

　　不用贤，则不能宣化，故君以用贤为急务。

礼、乐第十三

　　此论礼、乐，而见"定之以中正仁义，而主静"之意也。

礼，理也。

　　"礼"，阴也，故理焉。

乐，和也。

"乐"，阳也，故和焉。

阴阳，理而后和，

合而言之，则阴阳各得其理而后二气和也。

君君、臣臣、父父、子子、兄兄、弟弟、夫夫、妇妇，

人伦之间，各尽其道，各安其分，无不理且和焉。

万物各得其理，然后和。

天高地下，万物散殊，而无不各得其理，然后流而不息，合同而化，而无不和也。

故礼先而乐后。

以其先理而后和，所以不曰乐礼，而曰礼乐云。程子论敬则自然和乐，亦此理也。学者不知持敬，而务为和乐，鲜不流于慢者。

务实第十四

此言学当务实，而不可有近名之意也。

实胜，善也。

　　学者实胜于名，则善矣。

名胜，耻也。

　　若名胜于实，则可耻之甚。

故君子进德修业，孳孳不息，务实胜也。

　　故君子之学，进己之德，修己之业，勤勉
而不止，所以务实之胜而已。

德业有未著，则恐恐然畏人知，远耻也。

　　若己之德业有未进，则其心常恐怕有善名
闻于人，所以远耻辱也。

小人则伪而已。

　　小人则无进德、修业之实，而有沽名钓誉
之伪焉耳。

故君子日休，

"休"，美也。君子则实修而无名胜之耻，故休。

小人日忧。

小人则名胜而无实修之善，故忧。《书》云："作德心逸，日休；作伪心劳，日拙。"亦此意也。

爱、敬第十五

此言君子克致爱、敬之道也。

"有善不及？"

设问："人或有善，而我不能及，则如之何？"

曰："不及，则学焉。"

答言："人有善而我不能及，则当学其善而已。"

问曰："有不善?"

> 问："人有不善，则何以处之?"

曰："不善，则告之不善，

> 答言："人有不善，则告之以不善。"

且劝曰：'庶几有改乎。'

> 而且劝其改之可也。盖告之者，恐其不知
> 此事之为不善也；劝之者，恐其不知不善之可
> 改而为善也。

斯为君子。

> 此为君子之用心也。

有善一、不善二，则学其一而劝其二。

> 亦答词也。言善则心一，不善则心二。人
> 有善恶之杂，则我当学其善而劝其恶。

有语曰：

> 又答言"有人告之言"。

'斯人有是之不善，非大恶也?'

此人有此过，不系大恶者?

则曰：'孰无过?

闻人有过，虽不得见而告劝之，亦当答言："人孰无过乎?"

焉知其不能改?

"焉"，何也。言何以知此人之不能改过耶?

改则为君子矣，

若能改过，则便是君子，此则冀其或闻而自改也。

不改为恶，

有心悖理谓之恶，无心失理谓之过。人不待别为不善，方为心①恶，只如过而不改，是有心便谓之恶。

---

① "心"，四库全书本作"之"，于义为长。

恶者，天恶之，彼岂无畏耶？乌知其不能改？'故君子悉有众善，

善无不学，故"悉有众善"。

无弗爱，且敬焉。"

恶无不劝，故不弃一人于恶。惟不弃一人于恶，则无不用其爱、敬矣。且君子非欲使人爱、敬而后为此，亦尽吾当然之道而已，而人之爱、敬不期而至焉。

动、静第十六

此明《太极图》之意，而见造化之妙也。

动而无静，静而无动，物也。

"物"，谓万物，而人在其中也。惟其有形，则滞于一偏，是谓形而下之器也。形而下者，则不能通，故方其动时，则无了那静；方其静时，则无了那动。如水只是水，火只是火。以人言之，语则不默，默则不语；以物言

之，飞则不植，植则不飞是也。

动而无动，静而无静，神也。

"神"，则即此理耳，所谓形而上之道也，则不离于形而不囿于形，故神而莫测。方其动时，未尝不静，故曰"无动"；方其静时，未尝不动，故曰"无静"。

动而无动，

则动中有静焉。

静而无静，

则静中有动焉。

非不动不静也。

谓不是静而不动，动而不静也。盖静而能动，则阴中有阳焉；动而能静，则阳中有阴焉：错综无穷是也。

物则不通，

上所谓物，则滞于一形之偏，而不能通。

神妙万物。

上所谓神，则妙于万物之中，而无不通。此两句又结上文，起下意。

水阴根阳，火阳根阴。

水，阴也。以《河图》言，而生于一；以太极言，则阳变而生水，则本乎阳也。火，阳也，而生于二；以太极言，则阴合而生火，则本乎阴也。且水阴物，火阳物也，形而下者也。所以根阴、根阳，理也，形而上者也。所谓"神妙万物"者如此。

五行阴阳，阴阳太极。

此即《太极图说》所谓"五行，一阴阳；阴阳，一太极"者，以神妙万物之体而言也。

四时运行，万物终始；

此即《太极图说》所谓"五气顺布，四时行焉。无极之真，二五之精，妙合而凝"者，以神妙万物之用而言也。

混兮辟兮，其无穷兮。

体本则一，故曰"混"。用散而殊，故曰"辟"。一动一静，其运如循环之无穷，此兼举其体用而言也。

"混"言太极，"辟"言为阴阳、五行以后。末句曰"其无穷兮"，言既辟之后，为阴阳、五行以后，为万物无穷尽也。

此章发明《图》意，更宜参考。

或问："周子之言合，胡不自万而一？言开，胡不自一而万？"勉斋黄氏曰："周子之言造化，至五行处是一辟隔，自五行而上属乎造化，自五行而下属乎人物，所以太极说到四时行焉却说转，从五行说太极，又从五行之生说各一其性，说出至变化无穷。盖天地造化，分阴分阳，至五行而止。五行既具，则由是而人物也。有太极便有阴阳，有阴阳便有五行，三者初无断际，至此若不说合，却恐将作三件物事认了。所以合而谓之妙合，非昔开而今合，莫之合而合也。至于五行既凝而后有男女，男女既交而后生万物，此却是有次第，故有五行而下，节节开说。然其理气，未尝有异，则亦未尝不合也。"

乐上第十七

此论古今之乐，而见治乱之迹也。

古者圣王制礼法，

"古者圣王"，谓伏羲、神农、黄帝、尧、舜、禹、汤、文、武之圣人而王天下者，心天地之心，道天地之道，而为人伦之至，建中和之极，所以制为礼仪法度。

修教化，

修明德教道化。

三纲正，

"纲"，网上大绳也。"三纲"者，夫为妻纲、父为子纲、君为臣纲也。由是三纲正焉。

九畴叙，

"畴"，类也。"九畴"者，一五行、二五事、三八政、四五纪、五皇级、六三德、七稽疑、八庶征、九福极也。由是九畴叙焉。

百姓太和，

由是民无不和焉。

万物咸若。

"若"，顺也。由是而物无不顺焉，此所谓理而后和也。

乃作乐，

"乃"者，继事之词。"乐"，谓金、石、丝、竹、匏、土、革、木八音之乐也。言圣王于天下理而和之后，乃作乐焉。

以宣八风之气，

"八风"者，八方之风。东北方曰条风，东方曰明庶风，东南方曰清明风，南方曰景风，西南方曰凉风，西方曰阊阖风，西北方曰不周风，北方曰广莫风。圣王作八音之乐，以宣八方之①风。"宣"，所以达其理之分。

以平天下之情，

人情最易流也，而圣王作乐以平天下之人情。"平"，所以节其和之流。

故乐声淡而不伤，

圣王之乐声，平淡之中自然而和，故不伤，谓不害于和也。

和而不淫，

圣王之乐声，和乐之中自然而正，故不淫，谓不失其正也。

入其耳，感其心，莫不淡且和焉。

圣王之乐声，入乎人之耳，感乎人之心，则莫不淡而和也。"淡"者，理之发。"和"者，和之为。先淡后和，亦主静之意也。

---

① "之"，复性书院本缺，据四库全书本补。

淡则欲心平，

　　所发者淡，则私欲之心自平定。

和则躁心释。

　　所为者和，则躁急之心自消释。古圣贤之论乐，曰"和而已"，此所谓淡。盖以今乐之妖艳形之，而后见其本于庄正、斋肃之意，故希简而寂寥耳。

优柔平中，德之盛也；

　　"欲心平"，故"平中"。"躁心释"，故"优柔"。则民德之盛可知。

天下化中，治之至也；

　　溥天之下，皆化于中道，则治道之至也可见。言圣人作乐功化之盛如此。或曰"化中"当作"化成"，本《易》"圣人久于其道，而天下化成"之意也。

是谓道配天地，古之极也。

　　此言圣人道配天地，而为古之至极也。

后世礼法不修，

> "后世"，则三代之末及秦、汉而下。礼法教化，则不修明。

政刑苛紊，

> 政事刑法，则又烦乱。

纵欲败度，

> 上则纵欲以败度，所谓流、连、荒、亡，无不为也。

下民困苦，

> 则下民之困苦有不聊生者矣。

谓古乐不足听也。

> 乃言古圣王之乐不足听。

代变新声，

> 而代变为新声之乐。

妖淫愁怨，

> 废礼败度，故其声不淡而妖淫；政苛民困，故其声不和而愁怨。

导欲增悲，不能自止，

> 惟其声之妖淫也，故足以导人之欲焉；惟其声之愁怨也，故足以增人之悲焉。二者使人肆情纵欲，而不能自止。

故有贼君弃父、轻生败伦不可禁者矣，

> 导欲不止，而至于轻生败伦之不可禁焉；增悲不止，而至于贼君弃父之不可禁焉。

呜呼！

> 周子复叹息而言。

乐者，古以平心，今以助欲；

> 古乐用之平人之心，而今乐用之助人之欲而已。

古以宣化，今以长怨。

> 古乐用之宣其化，而今乐用之长其怨而已。盖乐有古今之异，淡与不淡、和与不和而已。

不复古礼，不变今乐，而欲至治者，远矣！

> "复古礼"，然后可以"变今乐"。此即所谓理①而后和也。苟"不复古礼"，则礼非其礼矣；"不变今乐"，则乐非其乐矣。无礼乐之化，而欲天下至治者，不其远哉？

乐中第十八

> 此明古乐之功效，而见治道之至也。

乐者，本乎政也。

> 圣人所作之乐，本乎圣人所行之政也。圣人为政以德，德惟善政，政在养民。

---

① "理"，四库全书本作"礼"，俱通。

政善民安，则天下之心和。

"政善"，则民无不安；"民安"，则心无不和。

故圣人作乐，以宣畅其和心。

故圣人因之而作乐，以宣畅民之和心。

达于天地，

以天下之和心通达于天地。

天地之气，感而太和焉。

且人为天地之心，心和则气和，此天地之气所以感而自然无不和也。

天地和，则万物顺，

天地之气既和，则万物自无物不顺。

故神祇格，

"格"，至也。幽足以感神，而神祇来格。

鸟兽驯。

微足以感物，而鸟兽驯致，是则圣人之作

乐，既非无因而强作，而其制作之妙，又能真得其声气之元，谓黄钟一宫定，故其志气天人交相感动，而其效如此。

乐下第十九

此复论古今之乐，而见治乱之由也。

乐声淡，则听心平；

"淡"，则希简寂寥之声，而有庄正、斋肃之意。乐声如此，则听者之心自然平定。

乐辞善，则歌者慕。故风移而俗易矣。

"善"者，典雅简古之词，而有深潜浓饫之味。乐辞如此，则歌者之心自然爱慕。此先王之乐①所以能移易天下之风俗，而使之淳且美焉。

---

① "则歌者之心自然爱慕。此先王之乐"十四字，原缺，据四库全书本补入。

妖声艳辞之化也亦然。

　　若夫后世妖淫之声、美艳之辞之化民也，效亦如此。但能导欲、增悲而至于轻生败伦、贼君弃父，则天理灭而人伦息矣。哀哉！

圣学第二十

　　此明圣人可学而至，而要不外乎一心也。

"圣可学乎?"

　　设问："圣人可学而至乎?"

曰:"可。"

　　答言："可。"

曰:"有要乎?"

　　又设问："学圣人有要乎?"

曰:"有。"

　　答言："有。"

"请闻焉?"

> 设问:"请闻其要?"

曰:"一为要。

> 答言:"'一'之一字为圣贤之要。""一",
> 即太极,是纯一不杂之谓也。

一者,无欲也。

> 只是纯然是个天理,无一点私欲,且无欲
> 便觉自在。人只为有欲,此心便千头万绪,做
> 事便有始无终,小事尚不能成,况可学圣人
> 耶!然周子只说"一者,无欲也",这话头高
> 卒急难凑泊,常人如何便得无欲?故伊川只说
> 一个"敬"字,教人只就敬上捱去,庶几执捉
> 得定,有个下手处。

无欲,则静虚动直。

> "静虚",即阴静,是心之体;"动直",即
> 阳动,是心之用。

静虚则明，明则通；

心才虚便明，明则见道理透彻，故通。
"通"者，明之极也。

动直则公，公则溥。

心才直便公，公则自无物我之间，故溥。
"溥"者，公之极也。

明通公溥，庶矣乎！"

明而至于通，则静而动焉；公而至于溥，
则动而静焉。况明配木、仁、元，通配火、
礼、亨，公配金、义、利，溥配水、智、贞，
如此阴阳合德，而圣人其庶矣乎！

此章之旨，最为要切，然其辞义明白，不
烦训解，学者能深玩而力行之，则有以知无极
之真，两仪、四象之本，皆不外乎此心，而日
用间自无别用力处矣。

通书述解卷下

公、明第二十一

此言公、明之义，而见其各有为而发也。

公于己者公于人，

> 人能无私，方能率人以无私，所谓有善于
> 己而后可以责人之善，无恶于己而后可以正人
> 之恶也。

未有不公于己而能公于人也。

> 未有有私于己而能率人以无私者焉，所谓
> "未有己不正，而能正人者"也，此为不胜己

私而欲任法以裁物者发。

明不至则疑生，

凡人明有未至，则疑心生。

明，无疑也。

若能明，则自无疑心矣。

谓能疑为明，何啻千里？

"啻"，止也。且明则无疑，疑则不明，明之与疑，正相南北，何止千里之不相及乎？言其所争者，甚远也。此为不能先觉而欲以逆诈、亿不信为明者发。

朱子曰："人有诈、不信者，吾之明足以知之，是之谓先觉。彼未必诈、未必不信，而逆以诈、不信待之，此则不可。周子云'明则不疑'，凡事之多疑，皆生于不明。如以察为明，皆主暗也，唐德宗之流是也。如放齐称胤子朱启明，而尧知其嚚讼，尧之明有以知之，是先觉也。"

理、性、命第二十二

此亦明太极之意也。

厥彰厥微，匪灵弗莹。

此言理也。"彰"，言道之显、阳之明也。
"微"，言道之隐、阴之晦也。"莹"，明也。言
道之阳明、阴暗，非人心太极之至灵，孰能
明之？

刚善、刚恶，柔亦如之，中焉止矣。

此言性也。刚善，为义，为直，为断，为
严毅，为干固；刚恶，为猛，为隘，为强梁。
柔善，为慈，为顺，为巽；柔恶，为懦弱，为
无断，为邪佞。惟中也者，和也，中节也，言
无过、不及之中焉，曰刚、柔、善、恶、中，
即五行之理也。

二气五行，化生万物。

此下言命也。二气五行，天之所以赋予万
物而生之者也。

五殊二实，

　　自其末以缘本，则五行之异，本二气
　之实。

二本则一。

　　二气之实，又本一理之极。

是万为一，

　　是合万物而言之，为一太极而已。

一实万分，

　　自其本而之末，则一理之实而万物分之以
　为体，然而谓之分，不是割成片去，只如月映
　万川相似。

万一各正，小大有定。

　　故万物之中，各有一太极，而小大之物，
　莫不各有一定之分也。

　　《中庸》曰："如天之无不覆帱，如地之无
　不持载。"此是一个大底包在中间，又有四时
　错行，日月代明，自有细小去处。"道并行而

不相悖，万物并育而不相害"，并行、并育，便是那天地之覆载底；不相悖、不相害，便是那错行代明底。"小德川流"，是说那细小底；"大德敦化"，是说那大底。大底包小底，小底分大底，千五百年间，不知人如何读书，却都似不理会这道理。

一实万分，万一各正，便是理一分殊处。

周子此章，其首二句言理，次三句言性，次八句言命，故其章内无此三字，而特以三字名其章以表之，则章内之言固已各有所属矣。盖其所谓灵、所谓一者，乃为太极。而所谓中，乃气禀之得中，与刚善、刚恶、柔善、柔恶为五性而属乎五行，初未尝以是为太极也。

颜子第二十三

此言颜子之乐，而见内外轻重之分也。

颜子一箪食，一瓢饮，在陋巷，

　　"颜子"，孔子弟子，名回，字子渊。

"箪"，竹器。"食"，饭也。"瓢"，瓠也。"陋巷"，隘陋之巷也。颜子食则一箪之饭，饮则一瓢之浆，居则隘陋之巷，贫窭之甚也。

人不堪其忧，而不改其乐。

"人"，他人也。"堪"，胜也。在他人视之，则见颜子之困极而有不胜之忧，而颜子处之，则其心泰然，不改所乐焉。

夫富贵，人所爱也，

夫金玉之富、轩冕之贵，众人之所爱而求也。

颜子不爱不求，而乐乎贫者，独何心哉？

颜子之心，则不爱富贵、不求富贵，而乐贫窭者，独何如哉？设问以发其端。

天地间有至贵、至富、可爱、可求，而异乎彼者，

天地间至富、至贵、可爱、可求者，仁而已。仁者，天地生物之心，而人所受以生者，为一心之全德、万善之总名。体即天地之体，用即天地之用，存之则道充，居之则身安，故孟子既以天之尊爵目之，复以人之安宅名之，所以为天地间之至贵、至富、可爱、可求者也，岂轩冕之贵、金玉之富可同日而语哉？朱子曰："所谓至贵、至富、可爱、可求，即周子之教程子，每令寻仲尼、颜子乐处所乐何事者也。然学者当深思而实体之，不可但以言语解会而已。"今端窃谓孔、颜之乐者，仁也，非是乐这仁，仁中自有其乐耳。且孔子安仁而乐在其中，颜子不违仁而不改其乐。安仁者，天然自有之仁；而乐在其中者，天然自有之乐也。不违仁者，守之之仁；而不改其乐者，守之之乐也。《语》曰"仁者不忧"，"不忧"，非乐而何？周、程、朱子不直说破，欲学者自得之。愚见学者鲜自得，故为来学说破。

见其大而忘其小焉尔。

"大"，谓天付人受之理；"小"，谓富贵贫贱之事。且颜子三月不违仁，则无私欲而有其德也。是以动静语默日用之间，绝无人欲之间隔，只有天理之流行。谓之"见其大"，是见天人之一体；谓之"忘其小"，是必贫富之两忘。

见其大，则心泰；

既见天人一体之大，则其心若曰"吾之动静，一天地之动静焉；吾之卷舒，一天地之卷舒焉"，则心之舒泰自若也。

心泰，则无不足；

心常泰，则无时而不自足焉。

无不足，则富贵贫贱处之一也；

心常自足，则处富贵而不加焉，处贫贱而不损焉。

处之一，则能化而齐，

"齐"字，意与一字同，恐或有误。或曰："化，大而化也。齐，齐于圣也。"言人能于富贵贫贱处之一般，则大而化之，齐于圣人矣。

故颜子亚圣。

"亚"，则将齐而未至之称。想来颜子已到那将化未化之地，若化则便是仲尼。

师友上第二十四

此略承上章之意，而见师友之有益于人也。

天地间，至尊者，道；

"道"，一也，语上则极乎高明，语下则涉乎形器，语大则至于无外，语小则入于无内，而其大要则曰中，而大目则曰三纲、五常焉。得之，则参于天地，并于鬼神，是两间之至尊者也。

至贵者，德而已矣；

"德"者，得也，行道而有得于心之谓也，有是德则贵孰加焉？

至难得者，人。

《记》曰："人者，天地之德，阴阳之交，鬼神之会，五行之秀气也。"《书》曰："惟人，万物之灵。"《孝经》曰："天地之性，人为贵。"非天地间之至难得者乎？

人而至难得者，道德有于身而已矣。

人固难得矣，然而，苟不有人之实而曰道德也者，则将同于飞走、草木之物而已，夫何灵贵之有？故惟道德之有于身者，又为人中之至难得者焉。其理虽明，然人心蔽于物欲，鲜克知之，故周子每言之详焉。

求人至难得者有于身，

欲求道德之尊之贵而有于身。

非师友，则不可得也已。

苟非性之，而不有明师以教导之、益友以辅责之，则不可得矣，是以君子隆师而取友。

师友下第二十五

大意同上。

道义者，身有之，则贵且尊。

> "道义者"，兼体用而言也。"道"，则穷天
> 地、亘古今，只是一个道。"义"，随时随事而
> 处之得宜。所谓天地之常经、古今之通义也。
> 人而身有道义，则贵且尊焉。周子于此而屡言
> 之，非复出也，其丁宁之意切矣！

人生而蒙，

> 人固有生而知之者，生而无知则蒙矣。

长无师友则愚，

> 彼生而蒙者，及其长也，有明师以开导
> 之，有益友以辅责之，则可以启其蒙而进于
> 明，道义亦为身之所有而尊贵焉。不然，则终
> 愚昧无知而已。

是道义由师友有之，

> 是则人之道义，多由师友开导、辅责之功。

而得贵且尊，

> 而得道义有于身之贵且尊，则吾之尊贵，实师友与之耳。

其义不亦重乎！

> "其"，指师友也。"不"，犹岂不也。且君臣之义，为五伦之一，至重也。今也师友之义，道义资焉，岂不亦重矣乎！

其聚不亦乐乎！

> 又五伦之中，若父子、兄弟、夫妇之三亲者，离则忧，聚则乐，天性也。今也师友之聚，尊贵系焉，岂不亦乐矣乎！此重、此乐，人亦少知之者。

过第二十六

此明喜闻过与不喜闻过之得失也。

仲由喜闻过，

　　"仲由"，孔子弟子，字子路。"闻过"，是闻人告之以有过，是规之也。子路，人告之以有过则喜，其得闻而改之，其勇于自修如此。

令名无穷焉。

　　"令"，善也。则善之有于身而称于人者，既无间于内外，又无间于古今，将与天地同其始终焉。

今人有过，不喜人规，

　　如今人不敬其身，陷于有过，又不喜人规戒。

如护疾而忌医，

　　恰如人有疾病，反救护之，而不使人医治之。

宁灭其身，而无悟也。

　　且过之与疾，皆身之死生存亡所系，至不轻也。护疾之人，宁死不悟；讳过之人，亦宁死不悟，愚之甚也。

噫！

　　此周子语终，而继之以痛伤之声也。何也？盖天之所生，地之所养，惟人为大，而自轻之如此，则是自绝于天地矣。周子之伤痛，盖为天地而惜同类焉，是心亦天地之心也。

势第二十七

　　此论天下之势有轻、重之分也。

天下，势而已矣。

　　天下之去就，在乎势焉而止尔。

势，轻、重也。

　　一轻一重，则势必趋于重，而轻愈轻、重

愈重矣。《诗》曰："至于太王，实始翦商。"要之，周自日前积累以来，其势日大，又当商家无道之时，天下趋周，其势愈重，此重则彼自轻，势也。

极重不可反，

是说天下之势，到那极重时便难复了。如周至文王，而大邦畏其力，小邦怀其德。至武王举兵于孟津，八百诸侯不期而会合。战于商郊，纣师前徒倒戈而击，时不伐纣，得乎？又如秦至始皇强大，六国便不可敌。东汉之末，宦官权重，便不可除。宋绍兴初，只斩陈东少阳，便成江左之势，非极重则反之难乎！

识其重而亟反之，可也。

重未极，而识其重之机而亟速反之，则犹可也。

反之，力也；

反之在乎人力之强也。

识不早，力不易也。

　　而力之难易，又在识之早晚，识之早则力易，识之晚则力难。

力而不竞，天也；

　　"竞"，强也。有人力而不能强，则天为也。

不识不力，人也。

　　"不识"，则不知用力；"不力"，则虽识无补。二者乃人之为也。

天乎？

　　"乎"者，疑而未定之辞，问势之不可反者，果天之所为乎？

人也。何尤？

　　"也"者，决词。"尤"，罪自外至者也。若非天而出于人之所为，则亦无所归罪矣。

文辞第二十八

此明文以载道为贵也。

文，所以载道也，

"文"，谓文字。"道"，谓道理。"载"，取车之义。文所以载道，犹车所以载物。文之与车，皆世之不可无者，且无车则物无以载，而无文则道何以载乎？

轮辕饰而人弗庸，徒饰也，

"轮"，车轮。"辕"，车辕。"饰"，谓妆饰之美也。"弗"，不也。"庸"，用也。"徒"，虚也。故为车者，必饰其轮辕；为文者，必善其词说：皆欲人之爱而用之。然我饰之而人不用，则犹为虚饰而无益于实。载物之车，载道之文，而美其饰，人尚轻视如此。

况虚车乎？

况不载物之车、不载道之文，虽美其饰，亦何为乎？

文辞，艺也；

  "艺"，才艺也。

道德，实也。

  "道德"者，文辞之实。则文辞者，道德之华也。

笃其实，而艺者书之，

  "笃"，厚也。务厚道德之实于身，则和顺积中，英华发外。而才艺之能者，书写其实，则文为载道之文也。

美则爱，

  载道之文而美其饰，则人必爱之。

爱则传焉，

  人既爱之，则或笔录，或版行，以传之永久焉。

贤者得以学而至之，是为教。

  其全秉彝好德之良心者，见其文之载道而

美其饰也，故力学而到其实焉，是载道之文而美其饰者，所以为教然也。

故曰"言之无文，行之不远"。

故古人云，凡言人道德而不极其文之美者，则人不爱而不传，所以行之不远也。此犹车载物而不能行。

然不贤者，

文固载道而美其饰，则游情荒嬉之士不知其可贵。

虽父兄临之，

虽其父兄之尊长而临莅之。

师保勉之，

虽师保之贤明而劝勉之。

不学也；

亦不肯学也。

强之，不从也。

父兄、师保又从而强之，亦不从也，此犹车已饰而人不用也。

不知务道德，而第以文辞为能者，艺焉而已。

"第"，犹但也。若人不知务厚道德之实，而但以工文辞为能者，是才艺之末务而止矣，此犹车不载物，而徒以轮辕美其饰也。

噫！

周子语之将毕，而继之以伤痛之声者，深为天下人心惜也。

弊也久矣！

"弊"，坏也。自圣学不明而人心坏，人心坏则风俗从而坏焉，风俗既坏，而人心益坏，斯弊之从来也，亦久远矣[①]。盖自七篇绝笔，而载道之文不作，若汉董《天人三策》、唐韩《原道》一篇，仅可卫道而已，谓之载道则未

----

① "矣"，原无，据四库全书本补。

也，亦未免为虚车焉，他无足道也。

或疑有德者必有言，则不待艺而后其文可传矣。周子此章似犹别以文辞为一事而用力焉，何也？朱子曰："人之才德，偏有长短，其或意中了了，而言不足以发之，则亦不能以传于远矣。故孔子曰：'辞达而已矣！'程子亦言：'《西铭》，吾得其意，但无子厚笔力，不能作耳。'正谓此也。然言或可少，而德不可无，有德而有言者常多，有德而不能言者常少，学者先务，亦勉于德而已矣。"

孔门游、夏称文学，亦何尝秉笔为词章也。且如"观乎天文，以察时变；观乎人文，以化成天下"者，此岂词章之文也？故吕与叔有诗曰："学如元凯方成癖，文似相如始类俳；独立孔门无一事，只输颜子得心斋。"端亦偶成曰："作文不必巧，载道则为宝；不载道之文，臧文梲上藻。"言无味而意有在焉。

圣蕴第二十九

此言孔子之蕴，以其教不轻发而道自显，又得颜子以发圣人蕴者，正以深厚之极而警夫浅薄之尤也。

"不愤不启，

"愤"者，心求通而未得之意。"启"，谓开其意。圣人之教，必待学者有心求通而未得之意，方为开其意而使之通焉。

不悱不发，

"悱"者，口欲言而未能之貌。"发"，谓达其辞。虽为之开其意，然又必待其口欲言而未能之时，方为之达其辞焉。

举一隅不以三隅反，则不复也。"

物之有四隅者，举一可知其三。"反"者，还以相证之意。"复"，再告也。是自得矣，虽为之达其辞，然又必待其自得乃复告尔，无非欲学者勉于用力，以为受教之地也。此言圣人之教，必当其可而不轻发也。

子曰："予欲无言。

　　"予"，我也。孔子言我不言而道自传焉。
何也？圣门学者，多以言语观圣人，而不察其
天理流行之实有不待言而著者，是以徒得其言
而不得其所以言，故发此以警之。

天何言哉？

　　天道之造化，何必自言而后显哉？

四时行焉，

　　天不言，而春、夏、秋、冬之四时自然流
行，无古今之异也。

百物生焉。"

　　天不言，而声色貌象之百物自然生成，
无古今之殊也。盖四时行，百物生，莫非天
理发见流行之实，不待言而可见，圣人一动
一静，莫非妙道精义之发，亦天而已，岂待
言而显哉？此言圣人之道，有不待言而显者，

故其言如此。

然则圣人之蕴，微颜子殆不可见。

　　"蕴"，中所蓄之名也。"微"，无也。"殆"，将也。承上文而言，如此则圣人中之所蓄，不有颜子殆不可见。

发圣人之蕴，教万世无穷者，颜子也。

　　仲尼无迹，颜子微有迹，故孔子之教既不轻发，又未尝自言其道之蕴，而学者惟颜子为得其全，故因其进修之迹，如博、约、克、复，不迁怒、二过，见其进而不退，省其私而足发，而后孔子之蕴可见。

圣同天，不亦深乎？

　　上天之载，无声无臭，维天之命，於穆不已，则天蕴固深矣。而孔子渊渊其渊，浩浩其天，则其蕴岂不亦深乎？所以犹天不言，而四时行、百物生也。

　　朱子又曰："夫子之道如天，惟颜子得之。夫子许多大意思，尽在颜子身上发见，譬如天地生一瑞物，即此物上尽可以见天地和粹之气，谓之发者，乃亦足以发之发，不必待颜子言而后谓之发也。"颜子所以发圣人之蕴，恐不可以一事言，盖圣人全体大用，无不一一于颜子身上发见也。

常人有一闻知，恐人不速知其有也，

　　若夫凡常之人，才有一闻知，恐怕人不速知己之有也。

急人知而名也，

　　既急欲人知己而求其名。

薄亦甚矣。

　　则其浅薄尤甚矣。盖圣凡异品，高下悬绝，有不待较而明者。其言此者，正以深厚之极，警夫浅薄之尤耳。然于圣人言深而不言厚，常人言薄而不言浅者，深则厚，浅则薄，上言首，下言尾，互文以明之也。

精蕴第三十

此言伏羲之精蕴，无所不包，而因作《易》以发之也。

圣人之精，画卦以示；

"圣人"，谓伏羲也。"精"者，精微之意。画前之易，至约之理也。伏羲画卦，专以明此而已。

圣人之蕴，因卦以发。

"蕴"，中所蓄之名。凡卦中之所有，如吉凶消长之理、进退存亡之道、至广之业也，有卦则因以形矣。

卦不画，圣人之精不可得而见；

卦若不画，则圣人精微之意不可得而见焉。

微卦，圣人之蕴殆不可悉得而闻。

"微"，无也。"殆"，将也。"悉"，详尽也。若无卦，则圣人胸中之蓄，将不可尽得而闻焉。

《易》，何止五经之源，

"易"，《易》书也。"五经"者，《书》《诗》《礼》《乐》《春秋》也。阴阳有自然之变，卦画有自然之体，此《易》之为书，所以为文字之祖、义理之宗也，然不止此。

其天地鬼神之奥乎！

盖凡管于阴阳者，虽天地之大、鬼神之幽，其理莫不具于卦画之中焉。此圣人之精蕴，所以必于此而寄之也。

愚按：《太极图说》以"精"字对"真"字，则真理也，精气也。此章以"精"字对"蕴"字，则精者，至约之理也；蕴者，至广之业也。上章圣人之蕴，则以道言理也，先辈用之，岂苟云乎哉？

乾、损、益、动第三十一

此论《易》而明圣人之蕴也。

君子乾乾不息于诚，

此句《乾卦·爻辞》。"乾乾不息于诚"，
便是修德底事。

然必惩忿窒欲、迁善改过而后至。

"惩忿窒欲"，是《损卦·大象》；"迁善
改过"，是《益卦·大象》。"惩忿"如摧山，
"窒欲"如填壑；"迁善"当如风之速，"改
过"当如电之决。修德者，必须如此，而后能
至于成德。

乾之用，其善是，

"其"字，亦是"莫"字。"是"，此也，
指去恶、进善而言也。且乾之体固自健而不
息，而其用则莫善于去恶、进善焉。

损、益之大，莫过是。

《损》《益》二卦之大义，亦莫过于去恶、进善也。

圣人之旨，深哉！

圣人作《易》之旨，意深矣哉！周子以此而发明思诚之方，盖乾乾不息者，体也；去恶、进善者，用也。无体则用无以行，无用则体无所措，故以三卦合而言之。

吉、凶、悔、吝，生乎动，

"动"者，卦之兆，实人事之符也。"吉"，则善之应，福之占也。"凶""悔""吝"，恶之应，祸之占也。而吉、凶、悔、吝之占，由是而生焉。

噫！

"噫"者，伤痛之声。盖悼昏悯愚之意也。

吉，一而已，

四者，一善而三恶，故人之所值，福常少

而祸常多。

动可不慎乎？

戒占者之动不可不谨也。

此章论《易》，所谓圣人之蕴。

家人、暌、复、无妄第三十二

此亦论《易》而明圣人之蕴也。

治天下有本，身之谓也；

"身"，谓君身。君仁莫不仁，君义莫不义，君正莫不正，是则治天下之本，在乎君身之修而已，故曰"君子之守，修其身而天下平"。

治天下有则，家之谓也。

"则"，谓物之可视以为法者，犹俗言则例、则样也。"家"，亦君之家也。君能惇叙九族，则家道理而和焉，天下之家视以为法也。

本必端，

> 身必正。

端本，诚心而已矣；

> 正身之道，在诚其心而止尔。心不诚，则身不可正焉。

则必善，

> 家必齐。

善则，和亲而已矣。

> 齐家之道，在和其亲而止尔。亲不和，则家不可齐焉。

家难而天下易，

> 治家难，而治天下易，何也？

家亲而天下疏也。

> 亲者难处，疏者易裁，然不先其难，亦未有能其易者。

家人离必起于妇人，

> 一家之人，虽同气同枝，而亦离心离德、相仇相隙者，必起于妇人之离间也。

故《睽》次《家人》，

> 《睽》次《家人》，《易》卦之序。

以"二女同居，其志不同行"也。

> "二女"以下，《睽·彖传》文。"二女"，谓《睽卦》兑下离上，兑少女，离中女也。阴柔之性，外和悦而内猜嫌，故同居而异志焉。

尧所以厘降二女于妫汭：舜可禅乎？吾兹试矣。

> "厘"，理也。"降"，下也。"二女"，娥皇、女英也。"妫"，水名。"汭"，水北，舜所居也。"禅"，传与也。"兹"，此也。"试"，验可否也。尧理治下嫁二女于舜，将以试舜而授之天下也。

是治天下观于家，

> 此所以治天下者，必观其治家也。

治家，观身而已矣。

　　治家者，观其修身而止尔。

身端，心诚之谓也。

　　身之所以正者，以其心之无不诚也。

诚心，复其不善之动而已矣。

　　所以"诚心"者，不善之动息于外，则善心之生于内者，无不实矣。

不善之动，妄也。

　　"妄"者，人为之伪。

妄复，则无妄矣。

　　妄去，则自无妄。

无妄，则诚矣。

　　程子曰："无妄之谓诚，诚者，天理之真也。"

故《无妄》次《复》,

《无妄》次《复》,亦卦之序。

而曰"先王以茂对时,育万物",

"先王"以下,引《无妄卦·大象》,以明对时育物,惟至诚者能之。

深哉!

而赞其旨之深也。

此章发明四卦——《家人》《睽》《复》《无妄》,亦皆所谓圣人之蕴。

西山真氏曰:"心不诚,则私意邪念纷纷交作,欲身之修,得乎?亲不和,则闺门乖戾,情意隔绝,欲家之正,得乎?夫治家之难,所以甚于治国者,门内尚恩,易于掩义,世之人固有勉于治外者矣。至其处家,则或狃于妻妾之私,或牵于骨肉之爱,鲜克以正自检者,而人君尤甚焉。汉高能诛秦、灭项,而不能割戚姬、如意之宠。唐太宗能取隋、攘群盗,而闺门惭德顾不免焉。盖疏则公道易行,亲则私情易溺,此其所以难也。不先其难,未有能其易者。汉、唐之君，立本作则，既已如此，何怪其治天下不及三代哉？夫女子，阴柔之性，鲜不妒忌而险诐者，故二女同居则情间易生，尧欲试舜，必降以二女者，能处二女，则能处天下矣。舜之身正而刑家如此，故尧禅以天下而不疑也。身之所以正者，由其身之诚。诚者无他，不善之萌动于中，则亟反之而已。诚者，天理之真；妄者，人为之伪。妄去则诚存矣，诚存则身正，身正则家治，推之天下，犹运之掌也。"

富贵第三十三

此亦明内外、轻重之分也，与《颜子》、《师友》上下二章大意同。

君子以道充为贵，

"君子"，圣贤之通称。道，一也，语上则极乎高明，语下则涉乎形器，语大则至于无外，语小则入于无内。而其大要，则曰中；而大目则曰三纲、五常焉，充之则贵莫加焉。

身安为富，

身外无道，道外无身，身安则足以任道，富孰加焉？

故常泰无不足。

道充于己，则动同于天，所以心广体胖，无所不足。

而铢视轩冕，尘视金玉，

其视世间轩冕之贵，则不过一铢之轻；金玉之富，不过一尘之微而已。

其重无加焉尔。

"其"，指道充身安而言也。是则道充身安之重，天下无加焉。此理易明，而屡言之，欲人有以知道义之重，而不为外物所移也。

朱子曰："周先生言道至贵者，不一而足，盖是见世间愚辈为外物所摇动，如堕在火坑中，不忍见他，故如是说不一。世间人心不在壳子里面，如发狂相似，只是自不觉也。"

陋第三十四

此亦明道德之重，而见文辞之不足取也。

圣人之道，

宇宙之间，一理而已，天得之而为天，地得之而为地，人物得之而为人物，鬼神得之而为鬼神。吾圣人之道，则合高厚而为一，通幽明而无间。语其目之大者，则曰三纲、五常；而其大要，不曰中，则曰敬；不曰仁，则曰诚。言不同，而理则一。

入乎耳，

斯道也，入乎吾之耳。

存乎心，

存乎吾之心。

蕴之为德行，

> 蓄之于中，则为吾之德行焉。

行之为事业。

> 发之于外，则为吾之事业焉。

彼以文辞而已者，陋矣！

> 彼不务道德，而专以工文辞为事者，鄙陋之甚也。意同上章，欲人真知道德之重，而不溺于文辞之陋也。

> 程子曰："圣贤之言，不得已也。盖有是言，则是理明；无是言，则天下之理有阙焉。如彼耒耜、陶冶之器一不制，则生人之道有不足矣。圣贤之言，虽欲已，得乎？然其包涵尽天下之理，亦甚约也。后之人始执卷，则以文章为先，而其所为，则动多于圣人，然有之无所补，无之无所阙，乃无用之赘言也。不止赘而已，既不得其要，则离真失正，反害于道，必矣。"

> 朱子曰："古之圣贤，其文可谓盛矣！然初岂有意学为如是之文哉？有是实于中，则必

有是文于外，如天有是气，则必有日月、星辰之光耀；地有是形，则必有山川、草木之行列。圣贤之心，既有是精明、纯粹之实，以磅礴充塞乎内，则其著见于外亦必自然条理分明，光辉发越而不可掩。盖不必托于言语、著于简册，而后谓之文。但自一身接于万事，凡其语默，人所可得而见者，无适而非文也。姑举其最而言，则《易》之卦画，《书》之记言，《诗》之咏歌，《春秋》之述事，与夫礼之威仪、乐之节奏，皆已列于六经而垂万世，其文之盛，后世固莫能及，然其所以盛而不可及者，岂无所自来？而世亦莫之识也。"

又尝答学者曰："诸说固佳，但此等亦是枉费工夫，不切自己底事。莫论为学，治己治人，有多少事在，如天文、地理、礼乐、制度、军旅、刑法，皆是着实有用事业，无非自己本分内事。古人六艺之教，所以游其心者，正在于此。其与空言以较工拙于篇牍之间者，其损益相万矣。"

黄氏岩孙曰："此章当与《文辞》章参观。"

拟议第三十五

此章合《中庸》《易大传》而言之，义疑也。

至诚则动，

惟至诚在己，则可以动人。"动"是方感动他。

动则变，

既感动他，则可以使之变。变则已改其旧俗，然尚有痕瑕在。

变则化。

直到那化时，则都消化尽了，无复痕迹矣。此上《中庸》说也。

故曰：

故孔子《易大传》有言。

"拟之而后言，议之而后动，

　　凡一言一动，必即《易》，则言行无不谨也。

拟议以成其变化。"

　　一言一动，必即《易》而后为之，此所以成其变化也。这变化，是就人动作处说，与《中庸》之变化不同。今合而言之，未详其义。或曰："至诚者，实理之自然；拟议者，所以诚之之事也。"

刑第三十六

　　此明圣人之刑所以为仁政之辅也。

天以春生万物，

　　天，至仁也，以春之阳和之气发生万物。

止之以秋。

　　然发生之不止，则无以节之，故必止之以

秋之肃杀之气焉。

物之生也，既成矣，

> 且万物之发生，至此既成实矣。

不止则过焉，

> 若不收杀住，则过了，亦不得成。

故得秋以成。

> 故必得秋之肃杀之气以成之也。

圣人之法天，

> 圣人中天下而立，定四海之民，则必法天
> 而行。

以政养万民，

> 乃以仁政养天下之民，观其即康功，而天
> 下之民得其安；即田功，而天下之民得其养。

肃之以刑。

> 然苟不肃之以刑，则亦不可得而齐焉，何也？

民之盛也，

> 民既庶且富焉。

欲动情胜，

> 外则欲动而不可遏，内则情动而不可约。

利害相攻，

> 于是民以利害交相攻伐。

不止则贼灭无伦焉，

> 若不以刑禁止之，则民相贼灭，而人伦何
> 有矣。

故得刑以治。

> 故天下之民，必得圣人之刑而后治焉。大
> 抵圣人之心，直与天地同德，品物或自逆于
> 理，以干天诛，则夫轻重、取舍之间，亦自有
> 决。然不易之理，如天地四时之运，寒凉肃杀
> 常居其半，而涵育发生之心，未尝不流行乎
> 其间。
>
> 意与十一章略同。

情伪微暧，其变千状，

"情"，真也。"伪"，假也。"微"，隐微不显。"暧"，则掩暧不明。民之词讼，一真一假，不显不明，而变态至不一也。

苟非中正、明达、果断者，不能治也。

"中正"，本也。"明达""果断"，用也。然非明达，则果断无以施；非果断，则明达无所用。二者又自有先后也。言理词讼者，苟不得中正之德、明断之才，则不能理矣。

《讼卦》曰：

《易·讼卦·象传》有言。

"利见大人，以刚得中也。"

讼者求辨其是非，则必利见大德之人。讼之大人，九五是也。九五以刚得中，故讼者利见之也。

《噬嗑》曰：

《易·噬嗑卦·象传》有言。

"利用狱，以动而明也。"

噬嗑为卦，震下，动也；离上，明也。卦之所以利用狱者，以其动而明故也。且讼之中兼乎正，噬嗑之明兼乎达，讼之刚、噬嗑之动，即果断之谓也。

南轩张氏曰："夫中正者，仁之所存而明达者知之，所行果断者，又勇之所施也，以是详刑，本末具矣。"

呜呼！

复叹息而结之曰。

天下之广，

普天之下，民至广也。

主刑者，民之司命也，

凡主典刑宪者，民之死生系焉，故为"民之司命也"。

任用可不慎乎？

得其人，则刑清而当焉；不得其人，则刑

滥而酷焉。故君天下而任用主刑之官，不可不谨也。

公第三十七

此明圣人之道即天地之道也。

圣人之道，至公而已矣。

圣人之道，用至不一而一于至公，观其或语、或默、或出、或处、或舍、或取、或夺、或予、或错、或举、或留、或去、或好、或恶、或喜、或怒，无往而非至公也。

或曰："何谓也?"

设问圣人之道。

曰："天地至公而已矣。"

圣人与天地合其德，则圣人之至公，一天地之至公也。如佛氏自私之厌，老氏自私之巧，则自戾于天地矣，其与吾尧、舜、周、孔之道，岂可同日而语哉？

孔子上第三十八

此明圣人作《春秋》之大旨也。

《春秋》，正王道、明大法也，

　　《春秋》，鲁史耳。仲尼修之为经，以正天
　　下一王之道，明皇帝王相传治天下纲常之
　　大法。

孔子为后世王者而修也。

　　圣人之修《春秋》，乃为后世受天命王天
　　下者修之，俾知所以治天下之道焉，不特
　　此也。

乱臣贼子，诛死者于前，

　　又将国之乱臣、家之贼子已死者，诛戮于
　　前，既不能逃其弥天之罪。

所以惧生者于后也，

> 所以使后之生者惧之而不敢为，故曰："孔子成《春秋》，而乱臣贼子惧。"国无乱臣、家无贼子，则天经地义、民彝物则，一于正而已。圣人为天地立心，为生民立命，为往圣继绝学，为来世开太平者，何其至哉！

宜乎万世无穷，王祀夫子，

> 宜乎君天下者，万世无穷，以王礼祀夫子。

报德、报功之无尽焉。

> 报夫子之德、报夫子之功之无尽焉。

孔子下第三十九

此赞圣人道德之极、教化之至也。

道德高厚，

> 道极高而德极厚。

教化无穷，

　　垂教化于无穷。

实与天地参，而四时同，

　　道高如天，德厚如地，则与"天地参"；
教化无穷，如四时，则与"四时同"。

其惟孔子乎！

　　自生民以来，其独孔子一人而已焉！盖道
高如天者，阳也；德厚如地者，阴也；教化无
穷，如四时者，五行也；孔子其太极乎！

蒙、艮第四十

　　此亦论《易》而明圣人之蕴，以见主静之
意也。

童蒙求我，

　　"童"，稚也。"蒙"，昧也。"我"，谓师
也。言童蒙之人来求于我，以发其蒙。

我正果行，

　　而我以正道果决彼之所行。

如筮焉。筮，叩神也，

　　"筮"，揲蓍以决吉凶也。言学者求教于

　　师，如筮者叩神以决疑，而神告之吉凶，以果

　　决其所行也。

再三则渎矣，

　　叩神、求师，专一则明，如初筮则告，二

　　三则惑，谓不信也。

渎则不告也。

　　筮者不信，故神不告以吉凶；学者不信，

　　师亦不当决其所行也。

"山下出泉"，静而清也。

　　"山下出泉"，《蒙・大象》文。山静泉清，

　　有以全其未发之善，故其行可果。

渎则乱,

> "渎",再三也。"乱",渎也。盖渎则不静,乱则不清。

乱,不决也。

> "不决",不告也。彼既不能保其未发之善,则告之不足以果其所行,而反滋其惑,不如不告之为愈也。

慎哉,

> 师之施教不可不谨。

其惟时中乎!

> "时中"者,《彖传》文,教当其可之谓也。初则告,渎则不告;静而清则决之,渎而乱则不决:皆时中也。此上三节,杂引《蒙卦·彖》《象》而释其义,而此下一节,引《艮卦》之《象》而释之。

"艮其背",

> "艮",止也。"背",所当止也。"艮其

背"，只是止于其所当止之地也。

背，非见也。

"非见"，不是说目无所见，只如非礼勿视，则心自静。

静则止，

"静"，不动也，不动便自止矣。

止，非为也。

"止"，便是不作为。

为，不止矣。

若"为"，则便不是止焉。

此朱子之意。注用程子解，以为背非有见之地，"艮其背"者，止于不见之地也。止于不见之地则静，静则止而无为，一有为之心，则非止之道，而复谓恐如此说费力。此愚说所以用朱子之意也。

其道也深乎！

> 是《易》道之深也。

> 此章发明二卦，皆所谓圣人之蕴，而主静之意矣。

通书总论

五峰胡氏曰："《通书》四十章，周子之所述也。粤若稽古，孔子述三五之道，立百王经世之法；孟轲氏辟杨、墨，推明孔子之泽，以为万世不斩，人谓孟子功不在禹下。今周子启程氏兄弟以千古不传之妙，其功盖在孔、孟之间矣。人见其书之约也，而不知其道之大也；见其文之质也，而不知其义之精也；见其言之淡也，而不知其味之长也。此书皆发端以示人者，度越诸子，直与《易》《书》《诗》《春秋》《语》《孟》同流行乎天下。"

朱子曰："《通书》文虽高简，而体实渊悫，且其所论，不出乎修己治人之事，未尝剧谈无极之先、文字之外也。"

问:"《通书》便可以接《语》《孟》?"曰:"比《语》《孟》较分晓精深,结构得密,《语》《孟》较说得阔。"

"周子《通书》,此近世道之源也,而其言简质如此,与世之指天画地、喝风骂雨者气象不侔。"

"《河图》出而八卦画,《洛书》出而九畴叙,孔子于斯文兴丧,未尝不推之于天。若濂溪先生者,其天之所畀而得乎斯道之传者与,不由师传,默契道体,建《图》属《书》,根极要领,当时见而知之,有程氏者,遂扩大而推明之,使天理之微、人事之著、事物之众、鬼神之幽,莫不洞然毕贯于一,而周公、孔子、孟子之传焕然复明于世。"

"先生之言,高极乎无极、太极之妙,而其实不离乎日用之间;幽探乎阴阳、五行之赜,而其实不离乎仁义礼智、刚柔善恶之际。其体用之一原,显微之无间,秦汉以来,诚未有臻斯理者,而其实则不外乎六经、《论语》、《中庸》、《大学》、七篇之所传也。"

"先生奋乎百世之下,深探圣贤之奥,仰①观

---

① "仰",复性书院本、四库全书本皆作"疏",据清咸丰《曹月川先生遗书》改。

造化之源，而独心得之，立象著书，阐发幽秘，辞义虽约，而天人性命之微，修己治人之要，莫不毕举。"

"濂溪之《图》与《书》，虽其简古深渊，未易究测，然其大指，则不过语诸学者讲学致思，以穷天地万物之理，而胜其私以复焉。其施则善始于家，而达之天下；其具则复古礼，变今乐，政以养民，而刑以肃之也。是乃所谓伊尹之志、颜子之学，而程子传之以觉斯人者，亦岂有以外乎日用之间哉？"

西山真氏曰："自《汤诰》论降衷，诗人赋物，则人知性之出于天，而未知其为善也。继善成性，见于《系辞》，性无不善，述于七篇，人知性之善，而未知其所以善也。周子因群圣之已言，而推其所未言者，于《图》发无极、二五之妙，于《书》阐诚源、诚立之指。昔也太极自为太极，今知吾身自有太极矣；昔也乾元自为①乾元，今知吾心即乾元矣。有一性则有五常，有五常则有百善，循源而流，不假人力，道之全体焕然复明者，周子

————————————

① "为"，复性书院本作"有"，据四库全书本改。

之功也。"

　　黄氏_{瑞节}曰："周子二书，真所谓吐辞为经者，朱子之解是书也，亦如解经然。盖朱子之追事周子也，犹周子之追事吾孔、孟也，无一字不服膺焉耳。尝遍求其《易说》而不可得，仅令门人度正访周子之友傅耆之子孙，求所寄《姤说》《同人说》，亦已不可见矣。世之相去百有余年，而其书散逸难合如此哉！或谓'无极'二字出于《老》《列》；或谓《图》得之穆修；或谓当时画以示二程，而未尝有所为书；或谓二程言语文字至多，未尝及'无极'字，疑非周子所为；或谓周子陆诜婿也，说见司马温公《涑水记闻》，亦笃实长厚人也，安知无所传授？或谓周子与胡文定公同师鹤林寺寿崖。是皆强求其所自出，而于二书未知深信者。朱子一言以断之，曰：'不由师传，默契道体。'于是，周子上承孔、孟之说遂定，而二书与《语》《孟》并行矣。"

通书后疏

先生名张宗范之亭，曰"养心"，而为之说，曰："孟子曰：'养心莫善于寡欲，其为人也寡欲，虽有不存焉者，寡矣；其为人也多欲，虽有存焉者，寡矣。'予谓养心不止于寡而存尔，盖寡焉以至于无，无则诚立、明通，诚立则实本安固，明通则实用流行。立如三十而立之立，明则不惑，知命而乡乎耳顺矣。诚立，贤也。明通，圣也。是圣贤非性生，必养心而至之。养心之善有大焉如此，存乎其人而已。"

荀子曰："养心莫善于诚。"先生曰："荀子元不识诚。"明道先生曰："既诚矣，又安用养耶？"

明道先生曰："昔受学于周茂叔，每令寻仲尼、颜子乐处所乐何事。"

明道先生曰："自再见周茂叔后，吟风弄月以归，有'吾与点也'之意。"

明道先生曰："吾年十六七时，好田猎，既见茂叔，则自谓已无此好矣。茂叔曰：'何言之易也？但此心潜隐未发，一日萌动，复如初矣。'后十二年，复见猎者，不觉有喜心，乃知果未也。"

明道先生曰："周茂叔窗前草不除去，问之，云：'与自家意思一般。'子厚观驴鸣，亦谓如此。"

伊川程先生见康节邵先生，伊川指食桌而问曰："此桌安在地上，不知天地安在何处？"康节为之极论其理，以至六合之外。伊川叹曰："平生唯见周茂叔论至此。"此康节之子伯温所记，但云"极论"，而不言其所论者云何。今按康节之书有曰："'天何依？'曰：'依乎地。'曰：'地何附？'曰：'附乎天。'曰：'天地何所依附？'曰：'自相依附。天依形，地附气。形谓地，气谓天。其形也有涯，其气也无涯。'"窃恐当时康节所论，与伊川所闻于周先生者，亦当如此，因附见之云。

太史黄公庭坚曰："春陵周茂叔，人品甚高，胸中洒落，如光风霁月。"延平先生每诵此言，以为善形容有道者气象。

明道先生识其子端悫之圹曰："夫动静者，阴阳之本，况五气交运，则益参错不齐矣。赋生之类，宜其杂揉者众，而精一者间或值焉，以其间值之难，则其数或不能长，亦宜矣。"自此以下四节，全用《太极图》及《通书》中意，故以附之。

明道先生铭其友李仲通之墓，曰："二气交运兮，五行顺施。刚柔杂糅兮，美恶不齐。禀生之类兮，偏驳其宜。有钟粹美兮，会元之期。圣虽学作兮，所贵者资。便儇皎厉兮，去道远而。"

伊川先生作《颜子所好何学论》，曰："天地储精，得五行之粹者为人，其本也贞而静，其未发也五性具焉，曰仁、义、礼、智、信。形既生矣，外物触其形而动于中矣。其中动而七情出焉，曰喜、怒、哀、惧、爱、恶、欲。情既炽而益荡，其性凿矣。故觉者约其情使合于中，正其心、养其性而已。然必明诸心、知所往，然后力行，以求至焉。若颜子之非礼勿视、听、言、动，不迁怒、贰过，则好之之笃学之之道也。"黄氏瑞节曰："此论乃程夫子十八岁所作。"

程先生曰："二气五行，刚柔万殊，圣人所由惟一理，人须要复其初。"

附录

宋史·道学传·周敦颐传

　　周敦颐，字茂叔，道州营道人，元名敦实，避英宗旧讳，改焉。以舅龙图阁学士郑向任为分宁主簿，有狱，久不决，敦颐至，一讯立辨，邑人惊曰："老吏不如也。"部使者荐之，调南安军司理参军，有囚法不当死，转运使王逵欲深治之。逵，酷悍吏也，众莫敢争，敦颐独与之辨，不听，乃委手板归，将弃官去，曰："如此尚可仕乎？杀人以媚人，吾不为也。"逵悟，囚得免。

　　移郴之桂阳令，治绩尤著。郡守李初平贤之，语之曰："吾欲读书，何如？"敦颐曰："公老，无及矣，请为公言之。"二年，果有得。徙知南昌，南昌人皆曰："是能辨分宁狱者，吾属得所诉矣。"

富家大姓、黠吏恶少惴惴焉，不独以得罪于令为忧，而又以污秽善政为耻。历合州判官，事不经手，吏不敢决，虽下之，民不肯从。部使者赵抃惑于谮口，临之甚威，敦颐处之超然。通判虔州，抃守虔，熟视其所为，乃大悟，执其手曰："吾几失君矣，今而后乃知周茂叔也。"

熙宁初，知郴州，用抃及吕公著荐，为广东转运判官，提点刑狱，以洗冤泽物为己任。行部不惮劳苦，虽瘴疠险远，亦缓视徐按。以疾，求知南康军。因家庐山莲花峰下，前有溪，合于湓江，取营道所居濂溪以名之。抃再镇蜀，将奏用之，未及而卒，年五十七。

黄庭坚称其"人品甚高，胸怀洒落，如光风霁月。廉于取名，而锐于求志；薄于徼福，而厚于得民；菲于奉身，而燕及茕嫠；陋于希世，而尚友千古"。

博学力行，著《太极图》，明天理之根源，究万物之终始，其说曰：

无极而太极。太极动而生阳，动极而静，静而生阴，静极复动。一动一静，互为其根。

分阴分阳，两仪立焉。阳变阴合，而生水、火、木、金、土。五气顺布，四时行焉。五行，一阴阳也；阴阳，一太极也；太极，本无极也。五行之生也，各一其性。无极之真，二五之精，妙合而凝。乾道成男，坤道成女，二气交感，化生万物。万物生生，而变化无穷焉。

惟人也，得其秀而最灵。形既生矣，神发知矣，五性感动而善恶分，万事出矣。圣人定之以中正仁义，而主静，立人极焉。故圣人与天地合其德，日月合其明，四时合其序，鬼神合其吉凶。君子修之吉，小人悖之凶。故曰：'立天之道，曰阴与阳；立地之道，曰柔与刚；立人之道，曰仁与义。'又曰：'原始反终，故知死生之说。'大哉《易》也！斯其至矣！

又著《通书》四十篇，发明太极之蕴。序者谓"其言约而道大，文质而义精，得孔孟之本源，大有功于学者也"。

掾南安时，程珦通判军事，视其气貌非常人，与语，知其为学知道，因与为友，使二子颢、颐往受业焉。敦颐每令寻孔颜乐处所乐何事。二程之学，源流乎此矣。故颢之言曰："自再见周茂叔后，吟风弄月以归，有'吾与点也'之意。"侯师圣学于程颐，未悟，访敦颐。敦颐曰："吾老矣，说不可不详。"留对榻夜谈，越三日乃还。颐惊异之，曰："非从周茂叔来耶？"其善开发人类此。

　　嘉定十三年，赐谥曰元公，淳祐元年封汝南伯，从祀孔子庙庭。

　　二子寿、焘，焘官至宝文阁待制。

通书后跋

濂溪先生，姓周，名敦颐，字茂叔，世为营道人。少孤，养于舅家，以恩补官。试吏郡县，以至持节外台，为政力行其志，所临必有能声。卒官朝奉郎、守尚书虞部郎中，分司南京。酷爱庐阜，乃买田筑室，退乐濂溪之上，人因以是称之。名贤赋咏，及墓志所载，皆专美其清尚而已。

先生殁，洛阳二程先生，唱学于时。辨异端，辟邪说，自孟子而下，鲜所许可，独以先生为知道。又云，自闻道于先生，而其学益明。明道先生曰："吾再见周茂叔，吟风弄月而归，得'吾与点也'之意。"伊川先生状明道之行，曰："幼闻周茂叔论道，遂厌科举之业，求诸六经而后得之。"

其推尊之如此。于是，世方以道学归之。其后，东坡苏公诗云："先生本全德，廉退乃一隅。"盖谓此尔。

《通书》即其所著也。始出于程门侯师圣，传之荆门高元举、朱子发。宽初得于高，后得于朱。又后得和靖尹先生所藏，亦云得之程氏。今之传者是也。

逮卜居九江，得旧本于其家，比前所见，无《太极图》。或云：《图》乃手授二程，故程本附之卷末也。校正舛错三十有六字，疑则阙之。夫老氏著《道德》五千言，世称微妙。此书字不满三千，道德、性命、礼乐、刑政，悉举其要，而又名之以《通》，其示人至矣。学者宜尽心焉。

绍兴甲子春正月，武当祁宽谨题。

通书后记

《通书》者，濂溪夫子之所作也。夫子姓周氏，名敦颐，字茂叔。自少即以学行有闻于世，而莫或知其师传之所自。独以河南两程夫子尝受学焉，而得孔、孟不传之正统，则其渊源因可概见。然所以指夫仲尼、颜子之乐，而发其吟风弄月之趣者，亦不可得而悉闻矣。所著之书，又多散失。独此一篇，本号《易通》，与《太极图说》并出程氏，以传于世。而其为说，实相表里，大抵推一理、二气、五行之分合，以纪纲道体之精微，决道义、文辞、禄利之取舍，以振起俗学之卑陋。至论所以入德之方，经世之具，又皆亲切简要，不为空言。顾其宏纲大用，既非秦、汉以来诸儒所及；而其条理之密，意味之深，又非今世学者所能骤而窥也。是以程氏既没，而传者鲜焉。其知之者，不过以为用意高远而已。

熹自蚤岁既幸得其遗编，而伏读之初，盖茫然不知其所谓，而甚或不能以句。壮岁获游延平先生之门，然后始得闻其说之一二。比年以来，潜玩既久，乃若粗有得焉。虽其宏纲大用所不敢知，然于其章句文字之间，则有以实见其条理之愈密，意味之愈深，而不我欺也。顾自始读以至于今，岁月几何，倏焉三纪，慨前哲之益远，惧妙旨之无传，窃不自量，辄为注释。虽知凡近不足以发夫子之精蕴，然创通大义，以俟后之君子，则万一其庶几焉。

淳熙丁未九月甲辰，后学朱熹谨记。

通书后跋

张　栻

濑溪周先生《通书》，友人朱熹元晦以《太极图》列于篇首，而题之曰《太极通书》。栻刻之于严陵学宫，以示多士。

嗟乎！自圣学不明，语道者不睹乎大全，卑则割裂而无统，高则汗漫而不精。是以性命之说，不参乎事物之际；而经世之务，仅出乎私意小智之为，岂不可叹哉！惟先生生乎千有余载之后，超然独得乎大《易》之传。所谓《太极图》，乃其纲领也。推明动静之一源，以见生化之不穷，天命流行之体，无乎不在。文理密察，本末该贯，非阐微极幽，莫能识其指归也。

然而，学者若之何而可以进于是哉？亦曰敬而已矣。诚能起居食息，主一而不舍，则其德性之知，必有卓然不可掩于体察之际者，而后先生之蕴可得而穷，太极可得而识矣。

乾道庚寅闰月谨题。

校后记

　　盖自宇宙鸿蒙，混沌未开之时，道则存焉。而自天地二分，阴阳之气交相感应，万物生焉。人则为其中最灵且秀者，其灵中之灵、秀中之秀者，明道、通道而履道而为，则为圣为贤，伏羲、神农、黄帝、尧、舜、禹、汤、伊尹、文王、武王、姜尚、周公者是也，而道之有传焉。至吾夫子则集大成，删《诗》《书》、定《礼》《乐》、系《易传》、撰《春秋》，诸经成矣，道亦大明于世。圣门三千弟子、七十二贤人，惟颜子得其神蕴，惜乎早逝。曾子得其精粹，而著《大学》、述《孝经》，又传诸子思子，子思子撰《中庸》，继而孟子起，私淑诸圣，述七篇而遗矩，后世追为亚圣。四书、五经就此定焉，圣学则焕然而大放其光。

哀哉！孟子之后，世道人心日趋败坏，圣学亦随之逐渐黯淡。幸而其中尚有卫道者二三，以使吾圣学不至于彻底没落，汉董子广川、唐韩子昌黎等是也。

然道之存焉，岂因人而亡乎？《中庸》有云："道也者，不可须臾离也，可离非道也。"可知道之存于世，分秒未曾离却，只因举世昏蒙无知，为欲所驱，故致于明道者稀也。太史公慨然写下"天下熙熙，皆为利来；天下攘攘，皆为利往"，诚世间至真至实之写照也。

幸乎！至宋一代，自任于圣学者，骤然为之大增，而其中至为灵秀者，当推周子濂溪，其上承羲皇、孔孟之精义，圣道自此复明于世；下启二程以孔、颜之乐处，发伊、洛之绪，圣学再次焕然而放其光。

噫！微周子，吾儒之道何以再放其光哉？

故后世有喻周子若吾夫子，二程则若颜、曾二子者也。一言以蔽之，则周子诚贯彻上下、继往开来者是也。观夫濂溪之文，传于世者寥寥，然《太极图说》《通书》尽得羲皇、孔孟之要旨，开宋明理学之先河，实为吾儒学之要典，故朱子推之以为经，为之注而传于世。且置《太极图说》于《近思录》之首，以为"论性之本原，道之统体，盖学问之纲领"（叶采语）。继朱子之后，关乎《太极图说》《通书》之论述，逐渐增多，若泾野先生（吕柟）《周子钞释》、曹月川先生《太极图说述解》《通书述解》等，亦多秉承朱子之义而作铺陈。

此次值逢周子诞辰一千周年，受上古社刘海滨先生之嘱，以马一浮先生主持复性书院时，于1940年刊印之"儒林典要"第一辑《太极图说述解》《通书述解》为底本，点校月川先生二书，先后数校，历时近两月，感触良多。

周子学自天成，道由心悟，于千余百年后，奋然而起，传续羲皇、孔孟之道，使吾儒道复又粲然大明于世。返顾当世，则物欲横流，拜金之风日趋日甚，举世竟无几人以道自任，吾儒之命脉，诚可谓悬于一线耳。此实足以哀哉！

今吾为学时晚，才力不足，虽孳孳然笃求于圣学，亦弗能致复诚之功、成化民之业矣。我心哀哉！然道之同天地、亘古今，自不会因人而亡、因世而丧，而一日有灵秀卓异、锐于求志若周子者，复出于世，则吾儒之道复明于世，自可预想而知矣。此实吾愿也！

慨然系数语于后，知我者谓我心忧，不知我者谓我何求。噫！

丁酉年闰六月廿二日，射阳邵逝夫于曲靖金麟湾。

"新编儒林典要"已出书目

《**太极图说、通书 述解**》　　　（宋）周敦颐 撰，（明）曹端 述解

《**近思录集解**》　　　（宋）朱熹、吕祖谦 编，（宋）叶采 集解

《**慈湖家记**》　　　　　　　　　　　　（宋）杨简 撰